ENFOQUES DE LA ARQUITECTURA DESDE LA FILOSOFÍA I

Primera edición 2015

Directorio

Dra. en Arq. María Elena Hernández Álvarez
Directora

Mtra. en Arq. Patricia Barroso Arias
Coordinación de Contenido Editorial
Versión impresa y versión digital en: www.architecthum.edu.mx
Colaboración:
Arq. Milena Quintanilla Carranza

Mtro. en Arq. Federico Martínez Reyes
Coordinación Editorial
Colaboración:
Roberto Israel Peña Guerrero

Mtro. Guillermo Samperio/Rodrigo de Sahagún
Fundación Cultural Samperio, A.C.
Revisión ortotipográfica y de estilo

Ilustración de portada:
Federico Martínez Reyes

Presentación

La construcción de la Teoría de la Arquitectura, que es el sustento de todo diseño arquitectónico, implica un complejo proceso reflexivo y crítico mediante el cual se verifica a distancia y en profundidad la enseñanza y la praxis del oficio de ser arquitecto. Si la Arquitectura, es decir, lo habitable, le concierne a todo ser humano, las premisas de ella misma sólo pueden concebirse de manera transdisciplinaria sustentándose en todos los campos del conocimiento porque, además, es a todos ellos a quien va destinado su servicio.

Asimismo, las manifestaciones del humanismo están asociadas a la conciencia social del hombre y a sus circunstancias existenciales en el mundo, de tal suerte que se deben ir generando consideraciones ontológicas y epistémicas en el plano formativo y profesional para el arquitecto. Por ello, asumir una formación humanista desde sus más altos y nobles ideales, constituye una necesidad cada vez más apremiante en el mundo de hoy; y es esto lo que nos transmite una imagen del arquitecto como persona que piensa, que crea y que produce una arquitectura orientada hacia el bien común.

Actualmente, gracias a esfuerzos de profesores e investigadores de nuestro Programa Académico, como la Dra. María Elena Hernández y de su grupo de colaboradores, proyectos editoriales como esta Colección Arquitectura y Humanidades, hacen posible pensar en una Teoría de la Arquitectura impresa con un sello particular en donde el proceso de enseñanza aprendizaje no se concibe ya como un proceso educativo centrado únicamente en la adquisición de conocimientos y habilidades, sino como un compromiso reflexivo y crítico que reclama un cambio de orientación dirigido a la búsqueda de nuevos nexos y relaciones disciplinares, particularmente aquí con las Humanidades.

Así, validando este enfoque transdisciplinar, se escriben y difunden en este proyecto editorial, colección Arquitectura y Humanidades, ideas artísticas, científicas, éticas, filosóficas, poéticas e históricas, que provienen de numerosas visiones del mundo arquitectónico, sustentadas en ideologías, teorías y posturas que están en correspondencia con las exigencias del mundo contemporáneo.

Es esencial que nuestra Facultad de Arquitectura sea parte de las instituciones educativas que contribuyen a la formación de arquitectos conscientes y reflexivos para que esto nos permita, no solamente vivir en el mundo actual, sino además, transformarlo de manera transdisciplinaria para la sustentabilidad y sostenibilidad que el futuro nos demanda.

Así, la Colección Arquitectura y Humanidades nos convoca a la reflexión filosófica que comprende a la arquitectura desde su núcleo, el hombre, y al arquitecto como el profesional dotado de razón, de conocimiento y de capacidad para construir, pensar y diseñar lugares de verdadera calidad habitable.

Sabemos que este proyecto editorial queda establecido para ser puerta abierta permanente a las colaboraciones de quienes consideren el trabajo transdisciplinario como una fuente necesaria para validar, hoy más que nunca, las pautas de diseño de los espacios que los seres humanos habitamos.

Mtro. en Arq. Alejandro Cabeza Pérez
Coordinador del Programa de Maestría y Doctorado en Arquitectura
Facultad de Arquitectura
Universidad Nacional Autónoma de México
Enero de 2015

Prólogo

La *Colección Arquitectura y Humanidades*, tiene el objetivo de fortalecer los lazos entre ambos campos de conocimiento, ya que uno sin el otro no podrían concebirse. Si comprendemos que, tanto la Arquitectura como las Humanidades conciernen a todo ser humano, es por ello que este proyecto centra su propósito en compartir los esfuerzos de muchas personas por enriquecer los encuentros transdisciplinarios que coadyuvan al compromiso con la calidad de las pautas de diseño de los espacios que habitamos los seres humanos.

En este proyecto editorial presentamos numerosos trabajos de exalumnos y profesores del Seminario y Taller de Investigación *Arquitectura y Humanidades* fundado en 1997 en el Programa de Maestría y Doctorado en Arquitectura de la Universidad Nacional Autónoma de México. A partir de ese año, esta *Colección Arquitectura y Humanidades*, tanto en sus versiones digitales como en la impresa, también se ha visto enriquecida de manera significativa con a generosa colaboración de muchos académicos y profesionales de diversas instancias y países.

Los números de este proyecto editorial se presentan organizados en temáticas generales abiertas para multiplicarse secuencialmente. Los artículos en cada número dan a conocer importantes reflexiones teóricas cuyo interés primordial es contribuir a la formación de investigadores y de docentes, así como el promover la generación y divulgación del conocimiento y la cultura arquitectónica y humanística.

Inaugura la lista de autores el Dr. Jesús Aguirre Cárdenas, quien, además de contribuir con un importante ensayo sobre el tema central de esta Colección, ha otorgado en todo momento su apoyo al proyecto académico *Arquitectura y Humanidades*. Expreso aquí mi profunda gratitud y admiración al Dr. Jesús Aguirre Cárdenas por su confianza a esta propuesta académica editorial y, sobre todo, por su inigualable ejemplo humano a seguir; él siempre abriendo caminos.

Por mi conducto, todos los autores que participamos en esta Colección expresamos nuestra gratitud a las autoridades de la Facultad de Arquitectura de la Universidad Nacional Autónoma de México, especialmente a su Director el Arquitecto Marcos Mazari Hiriart, al Maestro en Arquitectura Alejandro Cabeza Pérez, Coordinador del Programa de Maestría y Doctorado en Arquitectura y al Maestro en Arquitectura Salvador Lizárraga, Coordinador editorial de la Facultad de Arquitectura, por el reconocimiento que otorgan a la trayectoria de los autores que participan en esta *Colección Arquitectura y Humanidades*, así como a la calidad de los ensayos que en ella se presentan.

Finalmente, mi especial reconocimiento a la Maestra en Arquitectura Patricia Barroso Arias y al Maestro en Arquitectura Federico Martínez y a sus colaboradores por las incontables horas de entrega, creatividad, compromiso, liderazgo y confianza a este proyecto editorial.

María Elena Hernández Álvarez
México, Distrito Federal , diciembre de 2014

ENFOQUES DE LA ARQUITECTURA DESDE LA FILOSOFÍA I

Introducción

MILENA QUINTANILLA CARRANZA

Cuando nos adentramos en el estudio de la historia y la teoría de la arquitectura, nos resulta inevitable no encontrar las relaciones que desde siempre han existido entre el pensamiento y las características sociales de la época. Sin embargo, no podemos hacer una generalización de esta hipótesis, dado que en una misma sociedad de un determinado momento histórico, pueden existir diferencias internas, notables y evidentes; y entonces, puede ocurrir que aquellas manifestaciones de la arquitectura que permanecen como "testigo insobornable de la historia" aludiendo a Octavio Paz, en realidad es sólo un reflejo de las intenciones y motivos particulares de las clases sociales que intervienen en la definición y construcción de la ciudad.

Tanto si la arquitectura es un fenómeno a partir del cual se puede interpretar qué es o qué fue en realidad una época, o bien, si la arquitectura es un fenómeno a partir del cual se pueden interpretar las intenciones o anhelos de ser de un sector de la sociedad de la época; es indiscutible que constituye un vestigio de modos de pensar que ocurrieron en tiempos antediluvianos, y que nos aporta múltiples herramientas para reflexionar, valorar y actuar sobre los espacios habitables del presente y del futuro.

En este sentido, la filosofía no es ajena al campo disciplinar de la arquitectura y el urbanismo, no está yendo más allá de sus propios límites cuando elucida sobre los espacios habitables, sino que va más allá de estas disciplinas, a donde estas no pueden llegar por sus propios medios, hasta lo que no han percatado que tiene por resolver, o hasta o que no son capaces de resolver por sí mismas. Por eso fue que escribió Platón que, la relación de la filosofía con las ciencias especializadas, con todas ellas en conjunto y con cada una en particular, es como la de un hombre despierto con otro dormido: las disciplinas especializadas actúan como si estuvieran dormidas porque se les escapan las premisas de las que proviene su actuar.

Si la filosofía es el estudio de una variedad de problemas fundamentales acerca de cuestiones como la existencia, el conocimiento, la verdad, la moral, la belleza, la mente y el lenguaje; y la arquitectura y el urbanismo implican praxis con base en fundamentos inmateriales a fin de la creación de espacios funcionales, bellos, pero sobretodo habitables, entonces nos es vital saber cómo y desde donde acceder a dichas nociones, a los cimientos existentes en el conocimiento, en los anhelos o en las cosmovisiones de las comunidades para las cuales diseñaremos, previamente a franquear en los aspectos prácticos y erigir construcciones que serán la expresión de un conjunto de ilusiones, imágenes y pensamientos. Partiendo de esta base, sin la filosofía, no podríamos conocer el sentido de lo que pasa a ser corpóreo e inamovible en los espacios en los que nos desenvolvemos y por tanto en nuestras vidas.

Por ello, en este número se encuentran diversas relaciones entre el mundo de las ideas (intangible) y el mundo material (tangible) representado por los espacios urbano arquitectónicos, pues se considera que al reflexionar, meditar y teorizar sobre ellas se podrá acceder a criterios más amplios desde los cuales, los espacios que habitamos sean diseñados más acorde con las esencias y necesidades humanas de nuestro tiempo, en lugar de emular expresiones ajenas, que ya no nos pertenecen o que jamás nos pertenecieron.

16

La forma en la expresión arquitectónica

PATRICIA BARROSO ARIAS

Hablar de la forma en el campo de la arquitectura, implica hablar de diversos significados, sin embargo, en esta investigación se reflexiona sobre su sentido. Ésta implica algo más que la apariencia del objeto arquitectónico, ya que expresa un contenido dado que la organiza y detona, entonces se reconoce en una paridad con la sustancia que la conforma. La materia arquitectónica dicta a la forma y, por lo mismo, determina su expresión, esta concepción nos obliga a indagar en los elementos que la constituyen, sugiriendo un campo fértil para el territorio del diseño, dichos contenidos son materia de expresión, como fruto de una opción teórica. Esta materialidad, no sólo se identifica como cualidades o atributos del objeto, sino también como elementos conceptuales que sirven para identificar y explicar el objeto; es a través de estos medios como se puede actuar directamente sobre el proceso y transcurso del hecho arquitectónico. En cualquier estructura espacial puede aparecer este conjunto de sustancias, válidas por su aspecto de unidad, como el resultado de un acto de integración libre, en una asociación de elementos dotados de un lenguaje y pertenecientes a un principio ideológico. Al llegar a este punto lo que nos interesa es establecer la serie de contenidos que dan identidad al objeto arquitectónico. Por ello, se plantea que la forma de la expresión arquitectónica expresa todo lo que la articula y le da sentido.

El concepto de la "forma"
El término "forma", tiene diversas acepciones, es la esencia necesaria o sustancia de las cosas, que tiene materia. Para Aristóteles la forma reclama a la sustancia, y reconoce que es la causa o razón, ser de la cosa, aquello por lo cual una cosa existe; ésta es el acto material de la cosa, el principio y el fin de su devenir.

Para Bergson, es una instantánea tomada sobre una transición; es decir, una especie de imagen medida, esta imagen se toma como la esencia de la cosa, es la cosa misma y se le confunde con la cosa en sí. Hegel, menciona que la forma como totalidad de las determinaciones, es su manifestación como fenómeno, en este sentido es la manera de manifestarse y organizarse de la materia o sustancia de una cosa; en cuanto la forma coincide con la materia, ésta dicta a la materia que se da a conocer. Para Kant, la materia del concepto es el objeto, el significado de la forma se reconoce como la relación y organización de las partes; Dewey señala que, "sólo cuando las partes constituyentes del todo tienen el único fin de contribuir a consumar una experiencia consciente, el designio y el modelo pierden su carácter superpuesto y se convierten en forma" [1]. La forma no es una apariencia, estas nociones dictan que la forma se refiere a la manera de una organización determinada, que describe una relación, hay una exigencia de organización en la que se concierne a la sustancia o contenido que se manifiesta y da pie a la forma.

En la forma se explica a la materia que la determina, aquí se reconoce y distingue como sustancia, es la organización de contenidos en un todo, disposición, manera de organizar los elementos. La forma en la expresión arquitectónica está dada por la organización de la materia, ésta cobra forma a través del contenido manifiesto, es su mezcla, conexión e interrelación. Y entendida como la agrupación de materiales del diseño compone el núcleo sustancial de la expresión, este contenido se refiere a las propiedades reales del objeto; es como señala Vilches: "La correlación entre el aspecto formal y sistemático de una expresión o estructura superficial, con un aspecto formal y sistemático de un contenido o estructura profunda" [2]. La forma subraya la función de contener y sostener una sustancia, ésta es el interior que la expresión envuelve, es su identidad manifiesta, así el contenido la define y explica.

Estudiar el tema de la expresión arquitectónica, es en el fondo estudiar el contenido donde se enclava una variación de elementos que producen una entidad expresiva, éstos están estructurados como un todo. Así la forma de la expresión está dada por su contenido en la medida en que se muestra su articulación. Ésta "quiere decir aquí, la distribución y ordenamiento en los lugares del espacio de las partes de la materia" [3], así determina el ordenamiento de la materia, se concibe entonces como portadora de sus contenidos, como la unidad y sustancia conformada. Esta caracterización de la forma, se origina porque llega y presenta a su propia esencia que tiene como directriz y predominio.

La materia entonces se presenta como totalidad en lo descubierto, en el reino en el que se mueve, de regirse por algo. La forma de la expresión no está dada sólo como una apariencia, sino que es en ésta donde la sustancia opera. La materia fija a la forma, la confecciona, ésta es el acabado útil, es el contenido formado como preparación para el uso. Para comprender en este sentido el concepto "forma" de la expresión se debe limitar fundamentalmente como una organización, disposición manifiesta cuyo objetivo es poner en correlación un contenido. La expresión adquiere una forma, su significación resulta, en cuanto se mira, el interior que la integra, ésta se refiere no sólo a la manifestación del contenido, sino a su composición y leyes de su estructura, así se alberga la posibilidad de que la expresión tenga la capacidad de agotar sus elementos. El estudio de la forma requiere mostrar cómo se engranan los materiales del diseño y cómo su interrelación determina la configuración del objeto. La relación entre materia y forma de la expresión, sirve para designar estructuras significativas, la forma se asocia y se imprime en la materia, ésta no puede permanecer en un sólo estrato, sino que tiene a la vista la totalidad de contenidos a partir de los cuales se constituye. Los contenidos vivifican a la materia en el fenómeno de la expresión, se da a conocer algo interior, así la forma es la dirección y explicación de lo contenido.

"La expresión, señala Cassirer, es en esencia propiamente exteriorización", manifestación y encarnación del contenido, "la expresión manifiesta como su sentido, se pregunta por el ser que se encuentra a la base de ella" [4]. La forma y el contenido están vinculados y referidos uno al otro, de esta manera, Cassirer identifica tres formas de la expresión atendiendo a la relación con el contenido:

a) La expresión mimética, donde no se libera el signo expresivo del contenido intuitivo, se ve a la expresión como una auto evidencia, como preguntándose por el ser que se encuentra a la base de ella. En esta forma, signo y contenido se funden o se representan como una concordancia entre sustancia y cuerpo generando una coincidencia absoluta. En ésta, el contenido es la idea representada de la forma concreta.

b) La expresión simbólica, donde los contenidos y símbolos son independientes, podemos ver en la expresión una especie y dirección particular de lo simbólico. En este caso, el concepto de lo simbólico se entiende por dotación de sentido, de lo sensible, en su ser ahí y su ser así; la expresión es como la manifestación de su sentido emotivo que coincide o se separa de lo que se representa.

c) La expresión analógica, donde el contenido y el signo expresivo se separan y diferencian gradualmente. Estos pueden parecerse o darse una analogía entre la forma, el signo y el contenido; pero no aseguran su identidad o su coincidencia. Son unidos en similitudes y se divide el mundo interior del exterior, lo corpóreo ya no aparece como la manifestación inmediata del contenido.

Al igual que Cassierer, Hegel señala las formas de relacionarse la forma y el contenido, en la primera se distingue una ramificación de contenidos en una unión e identificación contenido-forma, éstos se manifiestan de forma directa, en una conciencia absoluta por el contenido que se manifiesta. En la segunda distingue la diferencia entre el contenido y la forma, en donde el contenido se libera de la forma o viceversa; y en la tercera se ve la separación total de contenido-forma [5]. Estas formas de la expresión identifican a las relaciones que existen entre el contenido y la forma, y en lo que se refiere a lo arquitectónico pueden ser o surgir. Sin embargo, nos colocamos en la postura de la forma de la expresión mimética, ya que lo que se trata de explicar es efectivamente esta relación directa entre la forma y el contenido; no negando su ruptura como lo hace la forma analógica o bien atribuyendo significados o sentidos especulativos. Simplemente el fenómeno expresivo se explicará desde su forma mimética con el contenido, y desde aquí se verá la esfera del contenido como el cuerpo y sustancia de la expresión.

En este caso, el contenido no pretende ser verdadero, sino más bien concreto, la adecuación del contenido arquitectónico se presenta como una generalidad abstracta que no ha experimentado aún una concreción precisa; por ello, se busca en lo que caracteriza a la arquitectura. Estos conceptos o trasfondos son tomados como tales para dar sentido a la idea sustancial de la arquitectura, como su continente y materia. Entonces, para estudiarlos, habrá que analizar a la expresión y entenderla como comunicadora del contenido manifiesto y velado.

Dentro del fenómeno expresivo, la forma "significa un contenido que a su vez se subdivide en unidades relevantes organizadas en sistemas semánticos; de manera que en arquitectura el hecho de articular, cierto espacio de determinada manera significa la subdivisión de todas las articulaciones y disposiciones espaciales posibles (sustancia de la expresión), de acuerdo con un sistema de oposiciones (formas de la expresión)" [6], con el fin de comunicar. La forma está contenida en la materia, es el reconocimiento de ésta, no hay forma sin materia, pues ésta penetra en la organización del contenido, haciéndose su estructura y organismo.

El contenido arquitectónico

Contenido, materia, sustancia que compone a los cuerpos físicos, elementos que entran como ingredientes, compuestos que se necesitan para una obra, o el conjunto de ellas. El contenido es entendido como la "materia", unidad inmediata que da la coexistencia a una cosa y donde se funde su existencia, éste da forma a la expresión. "La cosa se divide así en materia y forma", la materia contiene la existencia en cuanto a la reflexión de la expresión, como unidad conforma la totalidad de las formas. Pero la forma contiene ya, la reflexión en sí, "tiene lo que debe constituir la determinación de la materia. Ambas son, en sí, lo mismo. Esta unidad puesta es, en general, la relación de materia y forma" [7]. El contenido le da una identidad a la forma y carácter, éste no carece de forma, sino que es su manifestación, tenemos aquí la relación absoluta del contenido y la forma.

Esta relación es una de las determinaciones más importantes, ya que lo que se exterioriza y manifiesta en la expresión es la forma. La expresión tiene su forma en esta exteriorización de contenidos que se desarrollan y revelan. Así lo que se manifiesta es el contenido interno que dota de riqueza al todo, es la inclusión y comprensión de todos los conceptos y elementos coherentemente

21

pensados; este sistema de materias representan el medio con el que trabaja y se muestra la arquitectura. Decimos material, porque se entiende a la materia ya dotada de sentido, que proviene de un conjunto disciplinar, por ello, se dispone y es convertido en materia formal de la expresión. "Es la materia que reconocemos a través de la sedimentación histórica de nuestra disciplina, como propia de nuestro operar, sea según formas, intenciones, técnicas o sentidos enteramente distintos. Esta materia se puede definir como la forma física del ambiente en función del habitar humano" [8].

Instrumentos útiles, materias primas aptas para ser y transformar el espacio arquitectónico. Sin embargo, para su interpretación es difícil establecer contenidos fijos o justos, ya que en esta conformación influyen diversas consideraciones, por esto se maneja que la arquitectura está estrechamente ligada con los elementos que la conforman. Esta idea de material, siguiendo a Gregotti, "comprende toda la materialidad del mundo existente, sus cosas, convicciones, nociones, ideologías, consideradas desde el punto de vista del habitar humano -y el carácter, específico de la acción arquitectónica consiste en la conexión de los materiales existentes según relaciones comunicativas capaces de dotar de sentido a la forma del ambiente físico" [9].

Avanzar en esta noción de material en el proyecto, no es tarea fácil, ya que para responder al ¿qué expresa la arquitectura?, pueden surgir un sin fin de consideraciones o interpretaciones. Aun así, siguiendo el pensamiento de Gregotti, y justificando la presencia de éstas, se menciona que la arquitectura está hecha de materias dispuestas con cierto orden para determinado fin, el de habitar; y el grado de significación de este orden se revela en la forma. Esta noción de material "se refiere a la historicidad de las materias con que trabaja la arquitectura" [10]. Dicha historicidad de materias trata de proponer nuevos objetivos de valor frente a los cuales la historicidad de éstas, se ofrezca como una riqueza, como una articulación compleja a distintos niveles de definición en el objeto. Estos contenidos se plantean como una acción crítica de los datos que intervienen en la fundación de la hipótesis del proyecto, son materiales con los que el arquitecto trabaja en un modo lógico para formarlos, proponerlos y conectarlos; ordenándolos en una condensación que produce la forma expresiva. "La forma arquitectónica de un fenómeno, es de hecho, de un lado, la manera cómo las partes y los estratos se han dispuesto en la cosa, pero a la vez es el poder de comunicación de aquella disposición" [11].

Esta materialidad consiste en una particular relación entre los diferentes elementos capaces de orientar según un sentido los actos de las operaciones que realizamos como arquitectos. Para esto, conocer un objeto es, pues, en el fondo, tener conciencia de su naturaleza, y las percepciones más objetivas que tenemos de éstos son aquellas que nos revelan el origen de los objetos mediante su análisis y comprensión. Se trata, entonces, de analizar no solamente lo que nos revelan por su existencia, sino por su conformación, en donde se revelan os contenidos y características expresivas de su constitución. Esta articulación en la que se organiza la materialidad significante, nos permite formular un instrumento de lectura.

Partiendo de esta formulación se prevé el análisis y distinción de diferentes elementos que entran en juego; entendiendo que la forma de la expresión arquitectónica se da por medio de la imagen que los materiales ordenados ofrecen, el problema, entonces, es saber cómo en la expresión arquitectónica se han escogido y seleccionado los materiales que la constituyen. Esta posibilidad de seleccionar algunos aspectos o elementos que fungen como contenidos arquitectónicos, resulta ser un territorio fluido, a pesar de esto se tratará de enunciar algunos, de los que destacan: La habitabilidad, la contextualidad, la ambientalidad, la espacialidad y la constructibilidad [12]. Agregando a éstos la temporalidad y lo compositivo, en este sentido se consideran como contenidos determinantes en tanto que componen y condicionan a la expresión arquitectónica, éstos reposan en las concepciones y posiciones normativas de la misma disciplina en la que surgen, así se constituyen como el pliego de condiciones del diseño de las cuales partir, de esta manera brotan una serie de materias ligadas a la expresión de objeto arquitectónico. Éstas no se toman como algo comprobado, simplemente se admite su existencia, como una serie de lazos explicativos del hecho arquitectónico.

El diseño de la expresión formal posee en su configuración elementos que se derivan del conjunto de hechos, datos y situaciones que rodean al objeto (elementos materiales del

23

diseño), y que se consideran necesarios para que un objeto tenga identidad, como rasgos comunes y requisitos que se ponen en juego para que el objeto cumpla su finalidad, la de ser habitable. En esto se entenderá que el objeto no equivale sólo a la síntesis de la forma, sino a todo el discurso que se implica para llegar a esa síntesis formal. En esta síntesis se implica todo el dispositivo donde se articulan, ordenan y simplifican todos los contenidos arquitectónicos.

La arquitectura entonces, propone problemas sobre su propia estructura y sobre cómo se han seleccionado los materiales que la constituyen y forman parte de ella, actuando como sus fundamentos; por eso, la complejidad formal de la expresión arquitectónica se relaciona con diferentes elementos que se transmiten y quedan claros al analizar el esquema figurativo del objeto edificado. En esta complejidad intervienen la diversidad de materiales antes mencionados, actuando como la suma de partes, manifestando una manera de ordenarse y combinarse dentro del objeto, dichos materiales se organizan en un sentido arquitectónico, son elaborados y dotados de intención a través de los procesos de composición.

La finalidad del contenido arquitectónico

Lo que nos hace conocer a los objetos exteriores es nuestro estado consciente de lo que éstos son. Conocer un objeto en el fondo, es tener conciencia de su naturaleza, de su forma, de su modo y orden; en la forma se identifica a la materia con la que se trabaja, sus contenidos y sustancia. En la expresión arquitectónica esto es lo que se revela, es su forma de existencia.

Los caracteres expresivos de la obra se dan en el manejo de dichos contenidos proporcionados en la forma, éstos determinan la materia de la expresión y la fisonomía del objeto que los expresa; en él se distinguen como un conjunto organizado. ¿Pero qué sabemos de éstos, que nos permita afirmar que son la forma de la expresión en el objeto? Estos contenidos conforman el fenómeno de la expresión, y podemos enunciarlos como la sustancia revelada que actúa bajo una síntesis de conceptos y elementos lingüísticos que intervienen en la configuración del hecho arquitectónico.

Entonces, "la obra expresa lo que debe y puede expresar"[13], el contenido es la expresión del rasgo material ordenado, "medio expresivo" cuyo "medio comunicativo" es en el cual se constituye. Lo que se trata, es saber de qué manera es posible considerar cada uno de los aspectos que intervienen en la conformación de la expresión arquitectónica como expresión de razonamientos y elecciones reflexivas y teóricas, colocando en el punto focal los contenidos manifestados y descubriendo los principios mediante los cuales se configura. Esto indica que la constitución del contenido arquitectónico no es un hallazgo ni es una elección espontánea, en cierto sentido, se constituyen como la acumulación de un testimonio experimental y son una serie de consideraciones que, en cierta medida, históricamente y teóricamente se han tratado como determinantes al respecto de la disciplina.

Esta paridad forma-contenido, conjuga un binomio que puede transformar cualquier expresión, si pensamos que está dada por un conocimiento en búsqueda de su realización; dicho conocimiento del objeto, dicta la forma de su transformación interna, por ello, indagar en los elementos y contenidos que sirven para identificar y explicar la manifestación del objeto como medios materiales disponibles, es una buena justificación para actuar directamente en el transcurso formal de la expresión arquitectónica. En ello, se aclara que el contenido no es tomado como fijo, sino que es una propuesta y posiblemente nos entrañe diversas conformaciones concretas. Es decir que esta materia aún no se toma como algo "dado", y la cuestión es saber cómo esta materia no dada se somete a un entendimiento, sin que se origine un patrón en cuanto a su validez; entonces cuando se pregunta por la materia de momento sólo se explica y se justifica como una búsqueda consciente por un contenido.

Las dificultades dialécticas y teóricas en que nos envuelve esta explicación se han puesto de manifiesto durante el desarrollo del trabajo, y es posible que estas dificultades se comprendan si consideramos que lo que se tiene que hacer no es tanto resolver un problema, sino más bien incurrir en el problema.

Desde este punto de vista, esta intervención parece comprensible y hasta necesaria; ya que apunta a una aplicación del contenido que posiblemente cualifica a la arquitectura cuando se refiere a la materia que se da en ella. Como lo señala Muntañola, "el problema de la arquitectura es que esta coordinación entre figura y concepto, es a nivel espacial de habitar, de utilizar, del mirar -nosotros por una fachada plana, entendemos un concepto con alto contenido figurativo"[14]. La arquitectura son los objetos y las estructuras que tienen un valor figurativo y conceptual, los conceptos son la estructura, el contenido que se exige y que rige a la forma expresiva. Este contenido conceptual constituye un sistema concluso pero no definitivo, son materias de conocimiento y pueden modificar su articulación formal, es una elección de elementos básicos que proporciona una visión y una construcción hipotética.

Esta construcción formal es propositiva y adquiere automáticamente un carácter teórico necesarios para definir el contenido arquitectónico como axioma, o serie de postulados que han de servir como instrumentos para formular una imagen del objeto. Así la habitabilidad, la constructibilidad, la espacialidad, la temporalidad, la contextualidad, lo compositivo y la ambientabilidad precisan la validez y la función del contenido arquitectónico.

Las funciones del contenido arquitectónico
Su función comunicativa y significativa

La obra arquitectónica expresada, se hace comunicable y lo que expresa es un pleno de contenidos que constituyen en la obra un medio expresivo, es decir que por medio de éstos la obra está destinada a prestar una significación. Esta materia de la forma no sólo acentúa el sentido expresivo de la arquitectura, sino que sirve a la vez para indicarnos las relaciones que pueden cobrar en el objeto. Se puede decir entonces que, la evaluación positiva de la expresión arquitectónica depende de su autenticidad. "Se vive en un medio ambiente -en que la apariencia de los objetos indica- su finalidad, y el modo en que se le ha manejado" [15].

Es decir, cuando estos objetos tienen expresiones de su producción, de su material, de su función, de su esteticidad, de su relación con el contexto, y de la conformación del ambiente y espacialidad. Esto permite el conocimiento del significado en cuanto a maleabilidad material, aquí los contenidos se hacen comunicables, éstos son propios del objeto confeccionado, en cuanto se refieren o definen como los elementos que intervienen en la elaboración estructural del objeto, confiriéndole un sentido expresivo.

Así, pues, la unidad arquitectónica posee ya toda la capacidad expresiva, donde los contenidos proporcionan una información particular acerca de los componentes y relaciones de los elementos existentes, la expresión arquitectónica constituye así el ordenamiento material y mental de los elementos significativos dentro de la obra. La forma de la expresión queda determinada por el contenido, reflejando en éste la impresión de un lenguaje. La arquitectura, señala Gregotti, "tiene su cualidad, como acto artístico de auto constituirse como significado, aquí es ampliamente integrada, no como vaga intención, sino según un preciso desarrollo de la fase proyectual del proceso" [16].

Estas cualidades materiales se convierten en elementos ligados al conjunto de códigos que constituyen su dimensión semántica. Los contenidos obtienen su carácter comunicable tratando por un conjunto de códigos, prestar significación; en el significado se determina lo que son las cosas, así, la forma de la expresión es distinguida en su entidad por los contenidos que la caracterizan, es en razón de este ordenamiento estructural por lo que es identificada.

El contenido está pendiente de sus propias configuraciones en la expresión, dominaciones y "significaciones" propias independientemente de cualquier interpretación y significación simbólica, este significado compromete al contenido, de tal manera que la forma resulta de ellos. En los fenómenos expresivos, explica Cassierer, toda vivencia de la expresión, no significa en principio otra cosa que una pasividad, una receptividad que se contrapone claramente a la espontaneidad [17]. Si desconocemos esto, la explicación de la expresión arquitectónica llena de espontaneidad y emoción estaría detrás de una percepción simbólica con significaciones subjetivas quedando floja o sin una base sólida. Por esto se interpreta que el significado o la función significativa del contenido en la expresión no es otro, más que el mismo contenido que se denota, nombra o representa.

La realidad entonces no podría ser deducida como mera

percepción de las cosas si no estuviera de algún modo contenido el sentido de la expresión, su materia, y se manifestara de manera particular. La relación que guarda el signo en la significación es respecto del contenido significativo al que apunta y representa. "Todos esos actos de expresar, representar y significar nunca están inmediatamente presentes en cuanto tales sino sólo se hacen visibles en sus productos como un todo. Tales actos existen sólo en la medida en que entran en acción, manifestándose a sí mismos en esa acción" [18]. Esta relación no se pone de manifiesto en modo alguno en la interpretación especulativa, por lo que toca específicamente a la relación entre la expresión y su contenido; diferente a lo que sucede con el símbolo o una forma mimética donde lo que observamos exteriormente no posee para nosotros un valor directo, sino que le adjudicamos un valor interior, una significación que anima su apariencia exterior.

Una apariencia, en efecto, que significa algo, no se representa a sí misma y lo que es ella exteriormente, sino algo distinto. Entonces tenemos un elemento interno, el contenido y su forma exteriorizada que sirve para significar, para caracterizar ese contenido. "El elemento interno aparece en el exterior, a través del cual permite que se le reconozca, y que por su parte nos lo revela" [19] (…) "El signo, pues, está compuesto de un significante y de un significado. El plano de los significantes constituye el plano de la expresión, y de los significados el plano del contenido" [20], la expresión comporta dos estratos entre la forma y la sustancia; la forma es la organización misma del contenido, y la sustancia o materia, es el conjunto de aspectos implicados en el fenómeno arquitectónico, estratos que se encuentran en el plano del contenido. En esta relación de forma y contenido, actúa el significante y el significado; el significado participa del contenido y el aspecto de su forma se vuelve significante.

La significación comporta un plano de forma y un plano de contenido, ésta coincide con la relación de los dos; es decir que la forma es significante y el contenido es el significado en el sistema de la expresión arquitectónica. La significación se ha de entender como "la unión de lo que significa con lo que es significado; más aún, ni las formas ni los contenidos, sino el proceso que va de unos a otros" [21]. La función significativa queda definida como la transmisión de significados, por lo que al contenido se refiere, y los significantes cobran las características lingüísticas de su expresión.

"La forma" como una combinación de contenidos

Sería entonces considerar un marco donde los contenidos se ven como un conjunto de unidades interactuantes, es una experiencia de lo interno-externo en la expresión, que permite concebirlos en una unidad inmediata, tejidos mediante una estructura base, en una interacción continua. El contenido que da forma a la expresión no tiene otra función que la de indicar meramente lo esencial, y se identifica con esta función, entrelazándose y apareciendo como la sustancia o materia en cuya búsqueda partimos. Ésta viene a constituirse en virtud de determinados supuestos teóricos colocados directamente en un fin, "la habitabilidad". La manifestación de éstos se da cuando se exteriorizan, por esto se coloca a la expresión arquitectónica en un conjunto de relaciones y conexiones entre contenidos que le abren un mundo de posibilidades.

"En la forma", en la posibilidad de operar y de combinar, se revelan los contenidos, que en modo alguno, se integran como unidades, cuyo proceso se da bajo un movimiento y cambio continuo. Estos constituyen un todo indiviso en una visión interna del objeto. La función expresiva, es un genuino fenómeno que se da en la estructura interna-externa del objeto; éste se convierte en una manifestación donde se valora la transmisión de los contenidos.

Estos contenidos que caracterizan a un objeto son los elementos que se componen con signos característicos, "a esto se explica la ley de lo característico en el arte", con la finalidad de poner de relieve el contenido a representar. Como lo señala Hegel, "ahora bien, según la definición de lo característico, sólo debe formar parte de la obra de arte lo que esencialmente está al servicio de la expresión, un contenido dado" [22]. La forma como ramificación de contenidos, es una asimilación dialéctica y acomodación figurada, que determina la elaboración, distribución, construcción y organización del todo. Este esquema de contenidos, Muntañola lo señala como el proceso de lo contenedor y lo contenido [23]. Aquí está el esquema general del proceso generativo del significado, en la fusión contenido y expresión.

Como vemos, la arquitectura se expresa a través de muchas formas y la materia puede tener diferentes estructuras. Se puede estructurar el contenido arquitectónico, a partir de los conceptos implicados en un proyecto y articular ese trasfondo que da forma a la expresión. Esas capas internas generan una sustancia específica, por ello, la materia está unida con una forma, la expresión es sustancia moldeada, síntesis y orden figurativo. Entonces, si nos preguntamos ¿en dónde tiene su origen la estructura contenido-forma en la expresión arquitectónica? Podremos decir que en aquellos rasgos en los que se funda o se origina la forma dada, a partir de una elección de la materia. Con ello, el dominio de su estructuración, de la unión materia y forma está justamente en servir a todo el proceso expresivo. "El origen del útil está en el mero confeccionarlo imprimiendo a un material una forma" [24].

¿Qué opera en la obra?, es la materia formada, así tiene el carácter de la hechura (de su contenido). ¿No es esto donde descansa la obra?, ¿no es aquí donde reposa? Materia que circunscribe, rodea, sostiene y funda el espacio, donde se vinculan entre sí, la existencia de estos vínculos es donde se centra, sustancia constituyente e ilimitada. Podemos traspasar esto y mirando introspectivamente pensaremos en relaciones concretas; esto ha de construir un ámbito abstracto y un marco distante y limitado dentro del cual se pasa de unas a otras. Sin embargo, se entiende que la expresión arquitectónica queda definida en un haz de conexiones entre los contenidos, es un corte en el que la expresión queda formada por hilos que vinculan los contenidos. Es, entonces, la suma de todas las relaciones espaciales entre los elementos materiales, en estos nace una cadena de influencias, existe un modo de influirse recíprocamente, esta tensión es la que da vida a todo el campo de los contenidos. De estas materias emana el fluido coherente y dinámico que identifica su orden.

Estos elementos están organizados según una idea directriz "principio ideológico" que responde a un lenguaje determinado. Se generan tensiones constructivas u organizativas, donde cada contenido influye sobre los demás. El contenido en la forma es considerado como un conjunto de elementos convivientes, ya que ninguno es dado como único o aislado; así pues, el uso que en este texto se hace del contenido y de las relaciones de influencia o tensiones que se generan entre éstos, pretende denotar la influencia mutua.

Como contenido manifiesto, enunciaremos desde la habitabilidad a la constructibilidad. Al habitar llegamos por medio del construir, aquí acontece, "construir es en sí mismo ya el habitar" [25], en el espacio construido, se cultiva el estar y la experiencia cotidiana del ser humano; construimos y habitamos. Si hablamos de esta constructibilidad ¿dónde quedaría la habitabilidad? Esta se produce al tener contacto con el espacio tangible, en donde se dan las conexiones reales entre contenidos, éstos se perciben en el momento de la habitabilidad. Ésta implica moverse, desplegarse, vivir y experimentar, estar y permanecer en el espacio. Aquí se encuentran captados los demás contenidos, es decir que se experimentan en su misma acción. El rasgo fundamental de la habitabilidad es mirar por atravesar o caminar en acción que nos lleva a percibir en donde descansa la materia como unidad.

Ahora bien, estos contenidos albergan en la habitabilidad sólo cuando éstos son manifestados, así al construir se conforma también la habitabilidad, se vuelve un construir pensado, una constructibilidad que no sólo obedece a edificar cosas o al material utilizado, sino como una unidad o materialidad elegica que resuelve la existencia física de los contenidos, ésta va implícita en la idea compositiva.

La constructibilidad no sólo modifica el entorno y es consumidora de recursos, sino en ella se produce un continente de actividades que implican su lugar; este diálogo de materiales constructivos habrá de verificarse en un sitio determinado. Espacio que nos atañe, que nos ocupa, "nuestro existir es siempre un "estar en" [26]. Espacialidad de la que no podemos liberarnos, pensamos dentro del espacio, aquí también se aparece la habitabilidad. Ésta se nos ofrece como el conjunto de elementos continentes con límites que se confunden con el hueco habitable, la espacialidad está antes poblada por el lenguaje, en ésta la forma de su exterioridad no renuncia a alcanzar un concepto, sino que la conexión de cada elemento es necesaria y puede revelarse o manifestarse en una sucesión temporal.

La espacialidad y temporalidad representan el orden de las cosas exteriores, sus secuencias y unen los contenidos. Aquí el espacio interno-externo queda ligado o vinculado con los usos lingüísticos, y se puede decir que el afuera, ese exterior es ante todo el espacio que envuelve, por lo tanto limita a la interioridad. Aquí viene la mínima expresión de la contextualidad, interior derramado y constitutivo de la exterioridad, vinculación explícita del exterior con el interior.

Este pliegue contextual que contiene un desdoblamiento, promueve la vinculación de los límites, se extiende en un espacio y ocupa un lugar; en él se discurre y se mantienen relaciones de cercanía, lejanía, y distancias ligadas y vinculadas como intervalo espacial, como fronteras entre interiores y exteriores. La contextualidad es un conjunto de lugares donde se habita, se mueve y se desplaza para dictar trayectorias. En este orden fenoménico de contenidos, lo que aparece y se presenta es una unión que está dada bajo su composición.

Lo compositivo resulta de la forma en cómo se ordenan los elementos dentro de la espacialidad, éstos conforman un orden y una sucesión de códigos lingüísticos como la luz, la textura, el color, la figura, el fondo, la simetría, el ritmo y la escala. Llegamos aquí a una constatación importante, la tesis de la exterioridad compositiva, de las relaciones respecto a los contenidos, aquí lo compositivo aparece como el productor del orden. En este contenido se comunican todos los demás instantes, encierra en su concepción la relación con los demás contenidos que se dan al mismo tiempo. Este despliegue del acontecimiento compositivo se produce en el espacio, así, la sucesión de la materia refleja el orden de su implicación deductiva o de su relación preinscrita en la espacialidad.

La mención que se acaba de hacer sobre un "orden compositivo" lleva a pensar que como sucesión y relación de elementos, envuelve un orden variable que admite cualquier combinación. Todos los procesos compositivos están contemplados, llevan una lógica interna que gobierna la sucesión, haciendo que todas las combinaciones sean posibles. Estas relaciones compositivas configuran las condiciones del objeto, dicho de otro modo, permiten que exista en términos absolutos una "disposición compositiva".

De esta manera, la conjunción de la habitabilidad, espacialidad, temporalidad, constructibilidad y lo compositivo, dan la idea del espacio, al mismo tiempo que conllevan a un concepto de temporalidac. En este orden de coexistencias está dada la subordinación de elementos lingüísticos que definen y proponen el ambiente conformado. En este esquema los contenidos son percibidos en su totalidad donde al captarlos inciden en los estímulos y conductas del ser humano, para implicar coexistencias del sujeto con el objeto; en esta capacidad de ser afectados existe la ambientabilidad, la cual surge en la vivencia espacial. Aquí la habitabilidad depende del encadenamiento y disposición de la materia, y su sentido coaliga y surge en la unión del contenido.

Los contenidos arquitectónicos
La constructibilidad

"La arquitectura como construcción, lo que articula es el mundo físico fundamentalmente, las formas físicas a través de la construcción se articulan y materializan en formas y esto determina un espacio" [27]. "La forma del edificio, además de satisfacer las "necesidades" humanas está condicionada, siquiera hasta cierto grado, por los recursos disponibles en cuanto a materiales" [28]. La construcción se distingue como continente de las actividades humanas, como modificador de determinado clima, como símbolo cultural, como consumidor de recursos. La constructibilidad se logra al confluir en el espacio tangible las actividades humanas desarrolladas en espacios internos adecuados en lo que respecta al tamaño y la forma. Estos espacios existen en relación recíproca con las actividades internas a la construcción, esta constructibilidad determina los elementos que polarizan la actividad; modifica el ambiente en cuanto delimita e indica superficies por medio de muros, techos y estructuras que actúan como barreras o filtros entre los espacios cerrados y el ambiente exterior.

La construcción como símbolo cultural opera incluso cuando el arquitecto se identifica con el lugar, la localidad. La constructibilidad funciona como elemento de identidad donde los materiales y procedimientos constructivos responden a una tradición constructiva. Ésta como consumidora de recursos y procesos correspondientes opera con el material elegido a raíz de una valoración en su uso manejando, su manera de lenguaje, su vocabulario. Aquí se da la terrena materialidad y su orden figurativo, en donde los atributos característicos de un material están relacionados con su orden y estructura física que en la construcción del objeto se reconocen como recursos y posibilidades para propiciar la expresión final. La complejidad constructiva, el conjunto de elementos y la diversidad de órganos que aparecen para obtener una totalidad, son la suma de las partes con su ordenación y combinación. La constructibilidad se define como la materialidad lógica en la que se definen los objetos, es la existencia misma de la entidad arquitectónica. Esta no sólo trabaja con los materiales constructivos y procesos sino con el orden o desorden figurativo.

La espacialidad y temporalidad

En el espacio se propicia y se da lugar, éste "es el ponerse de la identidad del espacio y del tiempo (…) El lugar es la individualidad espacial" [29]. Espacialidad que se da cuando se tiene contacto con el sitio vivido, implicando movimientos y desplazamientos. Aquí se vive y se perciben los elementos y límites que la determinan, la espacialidad se entiende como la cualidad posicional de los objetos materiales en el mundo, como el continente de todos los objetos tangibles, ésta se convierte en un campo habitable.

Descartes establece la diferencia entre lugar y espacio: "El lugar, señala la situación en forma más expresa que el tamaño o la figura, y por lo contrario, pensamos más en estos últimos cuando hablamos del espacio". Cuando se dice que una cosa está en determinado lugar, se quiere decir que está situada de una manera determinada con respecto a otras cosas, pero si agregamos espacio entendemos que posee un tamaño y una figura. Para Leibniz el espacio es "el orden de las coexistencias", y para Einstein "nuestro espacio físico, tal como lo concebimos para el trámite de los objetos y de su movimiento, posee tres dimensiones, agregando a éste la coordenada del tiempo". Para Hegel "el espacio es una mera forma, o sea una abstracción, y precisamente de la exterioridad inmediata" [30], espacio que las formas crean, donde existen volúmenes.

El espacio pone en movimiento la materia que lo configura, determina sus proporciones, mide y ordena sus ritmos. En la espacialidad se conocen los atributos de orden que proporcionan a la materia determinación formal; ésta surge entre los muros, en la relación con el límite y el volumen perforado, así se convierten en la matriz del espacio y surge lo construido. ¿Qué es entonces la espacialidad? Se habla de un campo específico de actuación, donde se da la convivencia con lo dado, espacios entrecruzados por límites y fronteras donde la temporalidad interviene. Proceso ocurrido entre espacio y tiempo. Lugar que las formas crean y donde asocian la dialéctica figura-fondo, es el espacio vivido que implica movimientos, desplazamientos, es la cualidad posicional de los objetos que determinan el orden de coexistencias hombre-espacio.

Se puede decir que la espacialidad es todo lo anterior, aún así se propone una definición construida a partir de estos conceptos. Se refiere al campo específico donde actúa el hombre con lo dado en un intervalo de tiempo-espacio, así se generan espacios incluidos, entrecruzados y vacíos que surgen entre los límites, las fronteras y los volúmenes. Permite que el hombre se percate de la posición de elementos materiales, de su orden, de sus dimensiones y de sus coexistencias. La espacialidad es un campo específico de actuación en un gesto de fusión, donde la forma en un pacto de convivencia entre el hombre y lo dado, es captada. Aquí la temporalidad se define como espacio con tiempo ocurrido, con un inicio y un final, y que se reconoce por "momentos". El espacio que se comprende se desarrolla desde el principio para conformar etapas; este desplegado es teñido por la temporalidad, es un sistema de sitios que conforman eventos.

De esta manera, como uno de los contenidos formales de la expresión se vuelve un vacío que trabaja con los volúmenes, materiales y con la luz, crea espacios en tensión, en oposición o en articulación. Aquí, se ejerce la acción visual, se percibe, se descubre y se revela el vocabulario elegido, en este sentido, el soporte lingüístico está conformado y objetivado.

La espacialidad requiere del vacío que queda contenido entre los límites del objeto, entre la conformación de las superficies interiores y exteriores. Aquí los límites cobijan un vacío exterior o abrazan un vacío interior, hay elementos que no sólo son muros, sino que pueden ser un elemento natural como el agua que propicia la continuidad del espacio y, al mismo tiempo, la limita. Sin embargo, no sólo se recurre al límite y el vacío, sino que ésta implica también, desplazamientos y distancias que implican "recorridos".

La contextualidad

Es el sitio pensado, el lugar donde se funda la arquitectura con el entorno, donde la naturaleza se manifiesta; la contextualidad como la relación de la arquitectura con el ambiente genera la capacidad de articular los propios elementos arquitectónicos en conjunto con la naturaleza, en ésta se determina la relación hombre, arquitectura y entorno natural o construido.

En la contextualidad se descubren una serie de fenómenos que permiten al arquitecto organizar y relacionar el objeto con el medio, en esta relación se pretende descubrir lo que el sitio encierra, las características físicas, culturales y constructivas para reflexionar sobre las posibles soluciones en una articulación de elementos arquitectónicos en vinculación con el sitio. Esto obedece a una transformación cultural del medio, una continuidad y valoración del lugar.

En ésta se da una serie de elementos que sirven para transformar el contexto y entrar en relación dialéctica u opositiva con él. Elementos contextuales con los que se vincula el objeto arquitectónico, variando su articulación con el entorno que significa "esencialmente todo lo que está alrededor de un individuo en el espacio o en el tiempo" [31]. La contextualidad se ve como un sistema espacio-temporal, como el sitio próximo, como lo que está alrededor y al alcance, o como el entorno perspectivo. El papel del objeto es modificarlo para convertirse en un elemento condicionante de su forma, de manera que se conecta directa o indirectamente con él y establece un tipo de relación o vinculación en esferas distintas con su contexto. El entorno urbano alberga un tipo de vida y de actividad, constituye un discurso artificial al lado de la naturaleza. Por ello, la contextualidad ocurre cuando el edificio entra en relación con el conjunto de elementos que condicionan, de algún modo, su ubicación, su posición y composición lingüística; para ésta el objeto arquitectónico tiene una imagen tal que otros conjuntos de edificios pueden tener y ser conectados por la misma armonía.

La contextualidad es la conexión del edificio con el lugar, donde hay un orden de composición, un enredo o unión, esta contextura es la disposición respectiva de los objetos arquitectónicos que juntos componen un todo, un contexto. No es entonces la simple comprensión del medio, sino el análisis de sus relaciones con el hombre en el marco de su cultura, es al mismo tiempo una relación de percepción, de conocimiento y de modificación del medio; donde el objeto arquitectónico reconoce el valor de éste como elemento dialéctico. La contextualidad implica que la experiencia del espacio se prolongue del interior al exterior o viceversa; autores como Muntañola, la definen como el equilibrio entre el objeto arquitectónico y el entorno, entre lo natural y lo artificial [32], o como señala Pozo, "es el estado temporal de equilibrio que el hombre alcanza a través de sus establecimientos" [33]. La ubicación del edificio se define así, en una localidad geográfica determinada y una cultura, en el sentido de la cual, se organiza la colectividad que ahí se desenvuelve y vive. De otra manera es la forma en cómo actúa el objeto en su contexto, ocurriendo que el entorno penetre al interior y la fachada simule ser el entorno mismo, o se pueda enmarcar al paisaje, como si por medio de los límites se atrapara un fragmento del mismo, también puede ser que el objeto actúe en una simbiosis con el medio y se genere una continuidad espacial y visual. Otra manera de relacionarse es a partir del terreno, se da una identificación topográfica o topostipo, o bien se puede generar una oposición donde el objeto actúe en contradicción con el entorno.

La compositividad
Significa reunir y disponer diversas cosas para formar un solo conjunto, de modo que todas ellas contribuyen a constituir el todo compositivo. Es el arte de coordinar los diversos elementos lingüísticos que el arquitecto maneja para expresar un contenido, "la composición, que crea la unidad de un cuadrado, subraya además cada uno de los factores complejos e indisolubles que lo constituyen" [34]. Únicamente la composición es capaz de abrazar a la obra de arte en su totalidad abarcando la organización de elementos para tender acumulativamente hacia un todo terminal. En efecto, ésta revela la existencia de elementos diversos estructurados, configurados y capaces de producir a la obra

arquitectónica, es sinónimo de buena construcción, unidad creada, campo de fuerzas y configuración.

Se puede definir entonces a lo compositivo como la coordinación según una idea directriz de los elementos para obtener un efecto estético preestablecido por el arquitecto. Esta coordinación es una operación, donde la idea surgida es el verdadero origen, luego su realización expresiva llegará con la construcción lingüística. Lo compositivo debe conquistar un sentido más amplio, designa la tarea de disponer en el espacio varios signos o códigos según una directriz, para obtener un resultado estético que provoque el efecto deseado. Varios códigos determinan los distintos elementos del repertorio o vocabulario arquitectónico, éstos son los medios prácticos de la operación compositiva dada en un lenguaje particular. En lo compositivo la disposición local y específica de los códigos lingüísticos genera agrupaciones para distinguir el estilo utilizado, esta disposición se rige mediante normas precisas y determinadas.

Lo compositivo aprovecha elementos como la unidad, el equilibrio, el ritmo, la simetría entre otros, conjugados de manera individual. La armonía que esta organización revela da a conocer la diversidad de las tensiones, considera la proximidad y combinación de códigos y llega a producir un efecto de totalidad con infinitos matices; se obtiene así una riqueza expresiva. Esta materia compositiva puede manejarse de forma clásica, libre, continua, manejando contrastes y en todas las maneras posibles que los diferentes códigos puedan ofrecer. La composición puede definirse como un paisaje dinámico de elementos lingüísticos, los cuales se organizan en un conjunto de leyes que precisan un camino, una pauta. Estas leyes son internas y propias del arquitecto, donde interviene un "Kit" de elementos que se combinan, éstos podrían ser considerados especulativamente, señalando un valor expresivo. De esta manera, se define la forma de conexión espacial de toda la materia, no sólo el modo específico de la conexión interna, sino de su resultado externo, es decir el que se manifiesta.

La ambientabilidad

Esta reunión armónica de los elementos compositivos puede manifestarse en cualquier otra categoría, como en la constructibilidad o en la espacialidad, lo compositivo puede manifestarse en el conjunto o la unidad de elementos que actúan siendo éstos lingüísticos. Así, en la ambientabilidad el color, las texturas y la luz van creando efectos compositivos que resultan ser los aspectos más expresivos.

En este sentido, la ambientabilidad surge en el conjunto de relaciones que se establecen entre el mundo construido y el ser humano, el ambiente que se conforma influye en la vida y el comportamiento del propio ser, esta influencia de las condiciones físicas de un espacio sobre el hombre aunada a la acción selectiva que el arquitecto hace de su lenguaje, provocan incidencias en el comportamiento del hombre cuando usa el espacio; el ser humano obra sobre el ambiente y ejerce a su vez una relación con el ambiente mismo.

El ambiente de un organismo no es algo completo, sino que se forma continuamente a medida que el organismo vive y obra" [35]. Se podría decir que éste ha sido extraído del mundo de la existencia del hombre en relación al objeto para expresarse más objetivamente; en un objeto se puede lograr encontrar el ambiente adecuado, coaligado a una serie de características o grupo de elementos lingüísticos, es decir que a partir del manejo, manipulación y selección de éstos, se conforma. La ambientabilidad resta importancia a un espacio neutralizante, aquí la orientación visual, táctil y auditiva son direcciones del lenguaje con un efecto sobre implicaciones psicológicas en el diseño. Así, se rige conforme al efecto psicológico que genera en la conformación del edificio, cuando entran en interacción los usuarios con los edificios, en efecto, esto significa que se conforma un objeto cuyo ambiente será percibido de diversas maneras. Por ejemplo, para exagerar el volumen aparente de un interior, el arquitecto puede especificar que las paredes sean de color azul claro. Es posible que tenga la sensación de que ha creado "un patrón sereno" que requirió de algún "tema recíproco" para producir las reacciones necesarias en los observadores [36].

Aquí entran los mecanismos conscientes que relacionan el estímulo físico con la respuesta psicológica, la organización espacial en este sentido, está basada en los procesos psicológicos, la consideración de estos procesos pueden conducir a estructuras ambientales mucho más apropiadas; así en este juego lingüístico se permite establecer vínculos entre el fenómeno arquitectónico y la vivencia del espacio. La ambientabilidad se genera en un espacio donde los límites son tangibles o imaginarios, es también la secuencia de eventos que ocurren en un espacio conformados por elementos lingüísticos, ya sea luz, color, texturas, planos. Todos los elementos ayudan y crean los diferentes ambientes en un mismo espacio.

Aquí se puede agregar que la ambientabilidad trabaja con el "efecto" que se produce en los espacios, esto señala que no es el lugar en sí, sino que se encuentra en los recursos lingüísticos que conforman a cada evento. Esta sería entonces la secuencia de ambientes, de eventos que generan efectos conformados por códigos lingüísticos. En este caso, es un juego de recursos para crear diferentes ambientes, y posiblemente por estas condiciones identificamos a cada lugar.

La habitabilidad

En lo que se refiere a la habitabilidad, su análisis no sólo se refiere a la función del objeto aunque acompaña su existencia, sino a toda la semántica del discurso objetual. La habitabilidad es la posesión de un objeto, habituarse al objeto, una vez poseído y explorado viene el proceso de su uso, de su función respecto a los mecanismos de la vida cotidiana, el objeto está ligado al tocar, ver y tener. Desde otro punto de vista, para este término se dan diferentes concepciones e interpretaciones, para diversos autores la habitabilidad está vinculada a la calidad de vida, es decir a la manera de cómo los usuarios disfrutan los espacios, las habitaciones, dicha calidad de vida se liga a los aspectos específicos de una cultura, a su ideología y condición social. Estos autores la definen como, el que la vivienda cuente con áreas indispensables, definidas en una correcta distribución de espacios de acuerdo a las diferentes funciones de los mismos. Es el interior compuesto por la existencia de elementos básicos, cocina, área de dormir, baños, servicios, área de estar [37].

La habitabilidad implica hablar de condiciones que consideramos ideales o por lo menos deseables, implica también asignar a la morada una determinada calidad [38], es un conjunto de consideraciones óptimas. Para Muntañola, la única forma de conseguir una arquitectura con belleza es con la influencia dada entre la utilidad del habitar, la firmeza de la construcción y la convivencia del diseño. Para este autor, la forma de habitar refleja las características de una cultura en un momento determinado, y la forma de una ciudad responde al uso, a la forma de habitar como ritual. La forma de habitar se representa y se proyecta en la conformación del lugar, ésta se refleja en todas las características del objeto arquitectónico [39].

Al hablar de habitabilidad entonces implica el uso del espacio, en ésta se permean actividades, costumbres, usos y hábitos que se conforman en el ámbito ideológico y cultural. Manifestándose lingüísticamente en la materialidad del objeto arquitectónico, por eso si la habitabilidad se produce cuando el hombre utiliza el espacio y tiene contacto con él, entonces se originan prácticas y actividades que se reflejan y contemplan en la organización espacial. "La arquitectura, empieza allí donde el uso como ritual y el uso como capacidad de representación de la forma se unen" [40]. Este valor de uso refleja que el contacto del hombre con su entorno físico, genera la capacidad de articular en esta vivencia su habitabilidad, donde las actividades tienen un carácter social y establecen una red de conexiones inmateriales que concretan y dan orden a las expectativas de vida de un grupo. Así se otorgan significados hacia las múltiples manifestaciones de la realidad y un espacio se convierte en un "lugar de identidad".

La descripción de costumbres y hábitos que se manifiestan en el espacio y en el tiempo, exponen y ostentan las diferencias en los usos. La habitabilidad, entonces, está vinculada a la actividad humana a sus usos, y éstos a las conformaciones espaciales. El habitar se encuentra sobre las prácticas que prefiguran y habilitan los espacios, así se inscribe en el campo de la cultura o la sociedad, éste se encuentra también, montado en un uso ideológicamente organizado, es conformado por la actividad humana; en este uso del espacio se contextura la socialización, la vida, las costumbres, lo que se hace en cada ámbito cultural. Así, la habitabilidad, se genera por las justificaciones que la convalidan y por los significados que constituye y transmite en razón de un ordenamiento estructural. Esta puede ser distinguida, manifestada y caracterizada por asociaciones y conformaciones espaciales, que asociamos con un repertorio de actividades, ceremonias, rituales, comportamientos, pensamientos e ideologías. "También las cosas que construimos son conformaciones, porque cada cultura las emplaza y las distingue de diferentes maneras, accediendo con ellas a interpretaciones y actuaciones distintas, calificando y extendiendo las nociones de espacialidad y recinto, habilitando numerosos y cambiantes modos de habitar" [41]. La distribución espacial que elabora cada comunidad queda codificada a comportamientos ideológicos, culturales y sociales, en una interpretación y construcción de la identidad comunitaria.

Ante todo esto, la dificultad de poder dar una definición clara y operacional del concepto "habitabilidad" promueve que éste sea interpretado de múltiples maneras, como ya vimos. Para algunos se vincula con las condiciones materiales y espaciales de un lugar, o con el entorno donde se lleva a cabo la vida cotidiana. Para otros debería de incorporar aspectos objetivos y subjetivos de la forma en que la población percibe sus condiciones de vida, y en consecuencia considerar la noción de calidad de vida. Aunada a todas estas interpretaciones podremos considerarla como un elemento arquitectónico que involucra y valora las características idóneas de un espacio, en tanto que hablamos de características arquitectónicas, es decir, la materialidad con la que la arquitectura trabaja. "Una definición elemental de "habitabilidad" la consigna como la cualidad habitable que tiene un lugar" [42], se trata de la reunión de ciertas condiciones que permiten a un ser vivo habitar o morar un lugar, estas condiciones son de índole disciplinar que para reunirse requieren ser contenidas por un soporte espacio-temporal.

"El hombre busca dotar su hábitat de las cualidades o satisfacciones consecuentes con sus necesidades y aspiraciones, de modo que se configure el estado de la habitabilidad" [43]. En particular es relevante mencionar que el conjunto de cualidades físicas que posee un lugar destinado al abrigo de las actividades humanas, tendría que configurar el estado de la habitabilidad. Debe de reconocerse que en la especificidad de ésta, el sistema de elementos que la componen, adquieren diversas posiciones y sentidos que se constituyen por convención, por acuerdo social e ideológico; configurando el marco contextual en el que se organiza la realidad; la habitabilidad, entonces, ostenta requerimientos concretos propios de la espacialidad.

Hablar de la habitabilidad, "implica y requiere, hablar también de la espacialidad de lo habitable, es referirse a la constructibilidad de los objetos en que habitamos, es entender la condición de ambientabilidad que lo identifica, en el sentido de la apropiación y adecuación de un sitio para convertirlo y considerarlo como un lugar propio a través de la manifestación cultural; es relacionarlo con sus condiciones de ubicación en un sitio como la contextualidad en la que se produce, y con todo ello asumir la naturaleza de su expresividad, como el sentido significativo que se provoca entre las formas o maneras del habitar y las cosas u objetos en que, y con que, lo hacemos" [44], en sí, la habitabilidad se entiende como la síntesis de contenidos arquitectónicos que dan identidad y existencia al objeto. Estos se manifiestan y conforman los rasgos que se ordenan en una particularidad determinada, de esta manera, se expresan todas las características del objeto como manifestación de su identidad. De lo cual podemos derivar que "la configuración del medio habitable es y ha sido, un hecho circunstancial del desarrollo social, dicha configuración es producto y resultado de las formas de expresión cultural de una sociedad en relación con el entorno en el que habita" [45].

Para Saldarriaga, la habitabilidad "es un conjunto de condiciones físicas y no físicas que permiten la permanencia humana en un lugar" [46], en las condiciones físicas se encuentran aquellas referentes al ordenamiento espacial y a la configuración material del objeto; y como condiciones no físicas podemos agregar a todas aquellas referentes al proceso de producción del objeto, conceptos, intenciones, contenidos. Todos estos aspectos inciden en la configuración física del hábitat cultural, en una búsqueda actual del espacio habitable; para esto se requieren condiciones particulares de dimensionamiento de elementos, intercomunicación, aprovechamiento de fuentes de iluminación, ventilación, paisaje, articulación de los espacios y forma.

En la definición precisa de estas condiciones intervienen los factores de tipo cultural; ya que la conformación del hábitat representa físicamente las costumbres, ideologías, mitos, intereses y comportamientos de una estructura social determinada. El objetivo del espacio de ser habitable o poseer una habitabilidad utiliza el lenguaje propio de la transformación espacial, "este lenguaje posee una estructura correspondiente con el pensamiento o razonamiento espacial propio de una cultura o de un determinado grupo social" [47]. Esta conformación representa todas las decisiones que atañen a la organización física y condiciones aptas para que un espacio sea habitable; dicha finalidad trae consigo una serie de materias espaciales, las cuales en su conjunto suministran las condiciones o requerimientos de ordenamiento, adecuación, eficiencia y estabilidad necesarios e indispensables para la habitabilidad.

Estas condiciones parten de la estructura formal del espacio que se configura y traen consigo un periodo de ajuste y adaptación continua, lo que se plantea aquí, es la interacción de estas materias, su adecuación y ordenamiento con la finalidad interna de conformar la expresión de "la habitabilidad". Esta materialidad conforma la red básica de las relaciones espaciales dentro del objeto, de tal suerte que éstas sean identificables según la forma en que afectan a una estructura espacial específica, susceptibles de influjos culturales; así, la habitabilidad es considerada como la totalidad de la estructura espacial abarcando las relaciones internas de las partes en un todo; dentro de ésta se organizan todas las transformaciones particulares posibles; en ella se materializan no sólo los esquemas ideológicos, sino también los hábitos y las costumbres, por ello, es entendida como el conjunto de contenidos arquitectónicos que dan el atributo al objeto, al contenerla. La característica más importante de esta unidad es precisamente la de poseer una finalidad habitable, así, la lectura de la habitabilidad, se entiende como una lectura que reconoce las determinaciones del entorno cultural específico donde se inserta el objeto, como parte de las particularidades que lo configuran, reconociendo en esto las determinaciones ideológicas involucradas en la construcción del espacio.

Se trata también de una lectura que descubre los criterios de gestación del objeto; por lo que al aprender a leer el sentido expresivo del ámbito habitable y asumir las condiciones de su morfología se compromete a la totalidad de la materia con la que se trabaja, aquí se implica una tradición figurativa del objeto con respecto al entorno físico y cultural en el que se produce. La habitabilidad se produce en el momento en que se tiene relación con los objetos y, por medio de esta relación, es valorada; aquí, el espacio arquitectónico se vale de elementos útiles que lo hacen habitable; por ello, el objeto arquitectónico como expresión humana se habita y su constitución implica un conjunto de elementos determinados para propiciarla.

Notas

1. Abbagnano Nicola, "Diccionario de Filosofía", México-Buenos Aires: Fondo de Cultura Económica, 1961, pp.567-568.
2. Vilches Lorenzo, "La lectura de la imagen", México- Buenos Aires: Paidós, 1986, p. 34.
3. Heidegger M. "Arte y Poesía", México: Fondo de Cultura Económica, 1997, p.52
4. Cassirer E., "Filosofía de las formas simbólicas", México: Fondo de Cultura Económica, 1998, pp.117, 115-126. Aquí Cassirer explica a las formas de la expresión identificándose él con la forma simbólica. Para él, el sentido y la dirección básica de la función expresiva que puede ser captada con la máxima claridad y seguridad si se parte del mundo del mito. Cassirer asegura que la expresión está permeada y animada por ese sentido; sin embargo, esta postura sólo se menciona, pero no nos ubicamos en ella, ya que desde aquí no podría afirmarse que el sentido de la expresión arquitectónica siempre es mítico y que ésta queda representada con un lenguaje.
5. Hegel G. W., "Lecciones de Estética", México: Ediciones Coyoacán, 1997, p.113.
6. Broadbent, Bunt, Jencks, "El lenguaje de la Arquitectura, un análisis semiótico" México: Limusa, 1991, p.225.
7. Hegel, G.W. "Enciclopedia de las ciencias filosóficas", México: Porrúa, 1971, p.74. En este texto Hegel denuncia claramente la relación entre contenido y forma, el contenido lo define como la materia que da existencia a la forma y la forma es mediante su materia.
8. Gregotti, et al, "Teoría de la proyectación arquitectónica", Barcelona: G. Gili, 1971, p.209
9. Gregotti, op cit., p.209.
10. Gregotti, op cit., p.223.
11. Gregotti, op cit., p.221.
12. Estos conceptos se construyen conceptualmente en el Taller de investigación: 'La habitabilidad, la espacialidad y el diseño, en la maestría de Arquitectura", impartido por el Mtro. Héctor García Olvera y el Mtro. Miguel Hierro Gómez en el CIEP, FA, UNAM.

45

13. Prudhomme Sully, "La experiencia de las Bellas Artes, La Psicología aplicada al estudio del Arte y del Artista", Buenos Aires: Joaquín Gil, 1954, p.233.
14. Muntañola J., "Arquitectura: texto y contexto", Barcelona: Universidad Politécnica de Cataluña, 1999, p. 29.
15. Hesselgren Sven, "El hombre y su percepción del ambiente urbano, una teoría arquitectónica", México: Limusa, 1980, p.137.
16. Gregotti Vittorio, et al, *op cit.*, p.210.
17. Cassierer Ernst, "Filosofía de las formas simbólicas", México: Fondo de Cultura Económica, 1998, pp.95. En este texto, postula que el conocimiento o la realidad no son dadas en la sensación, como dato sensible, sino en el fenómeno originario de la expresión. "Sin el hecho de la revelación de un sentido expresivo en determinadas vivencias perceptivas, la existencia quedaría muda para nosotros", p.94.
18. Cassierer Ernst, *op cit.*, p.125.
19. Hegel G. W., *op cit.*, p.80.
20. Rodríguez J. Ma., "Arquitectura como semiótica", Buenos Aires: Nueva Visión, 1977, p.46
21. De Fusco Renato, "Arquitectura como mass médium", notas para una semiología arquitectónica, Barcelona: Anagrama, 1967, p.27. En esta cita, el autor recurre a Barthes, "Ensayos críticos", Barcelona: Seix Barral, 1967.
22. Hegel G. W. *op cit.*, pp.77-78. En este texto, Hegel afirma que el verdadero contenido del arte es algo concreto, un elemento que está representado por la forma.
23. Muntañola Josep, *op cit.*, p.4. Para Muntañola la visión figurativa, conceptual y espacial de la arquitectura es su epistemología. El contenido para el autor es la relación o el entrelazamiento de la construcción y el habitar. La construcción articula el habitar y cuando aceptamos esto, le damos un contenido a la construcción; aquí, se retoman los dos como habitabilidad y constructibilidad, sin embargo no son únicos, ya que se encuentran acompañados de otro contenidos que se generan en la estructura de la forma de la expresión.
24. Heidegger, Martin, "Arte y Poesía", México: Fondo de Cultura Económica, 1997, p.61.
25. Heidegger, Martin, "Construir, habitar, pensar", Conferencias y artículos. Barcelona: Serbal, 1994.
26. Pardo, J. Luis, "La formas de la exterioridad", Valencia: Pretextos, 1992, p.16.
27. Muntañola Josep, "Arquitectura: texto y contexto", Barcelona: Edición Univ. Politécnica de Cataluña, 1999, p.51.
28. Broadbent, Bunt, Jencks, "El lenguaje de la arquitectura", un análisis semiótico, México: Limusa, 1991, p.146.

29. Hegel, G.W., "Enciclopedia de las ciencias filosóficas", México: Porrúa, 1971, p.129.
30. Abbagnano Nicola, *op cit.*, pp.436 -437.
31. Moles Abraham, "Teoría de los objetos", Barcelona: G. Gili, 1979, p.12.
32. Muntañola Joseph, "Comprender la arquitectura", Barcelona: Teide, 1985, p.121.
33. González Pozo, "El dominio del entorno", México: SEP, 1971, p.5.
34. Germani Fabris, "Fundamentos del proyecto gráfico", Barcelona: Ediciones Don Bosco, 1973, p.5.
35. Abbagnano Nicola, *op cit.*, p.44.
36. Canter David, "Psicología en el diseño ambiental", México: Concepto, 1978, p.7.
37. García Gómez Carmen, "2do. Congreso internacional, el habitar para una investigación proyectual", Art. Calidad de vida en la vivienda de interés social en Mérida Yucatán, México: FASE, UNAM 1999.
38. Shutz Hartman, Roberto, *op cit.*, Art. La ciudad habitable, reflejo de la diversidad.
39. Muntañola Joseph, "Comprender la Arquitectura", Barcelona: Teide 1985, pp. 11-48.
40. Muntañola, Joseph, *op cit.*, p. 51.
41. Doberti Roberto, "2do. Congreso internacional el habitar para una investigación proyectual". Art. Hablar y habitar a través del método de la sensibilidad, México: FASE, UNAM 1999.
42. Ramírez Castro Eugenia, *op cit.*, Art. Habitabilidad, medio ambiente y ciudad, México. FASE, UNAM 1999, p. 33.
43. Ramírez, *op cit.* p.34.
44. Hierro Gómez Miguel, *op cit.*, Art. "La idea del habitar y la idea del diseñar", p.2.
45. Ídem.
46. Saldarriaga R, "Habitabilidad", Bogotá: Escala Fondo, 1981, p.57.
47. Saldarriaga, *op cit.*, p.69.

Bibliografía

Abbagnano Nicola, "Diccionario de Filosofía", México-Buenos Aires: Fondo de Cultura Económica, 1961.

Broadbent, Bunt, Jencks, "El lenguaje de la Arquitectura, un análisis semiótico" México: Limusa, 1991.

Canter David, "Psicología en el diseño ambiental", México: Concepto, 1978.

Cassirer E., "Filosofía de las formas simbólicas", México: Fondo de Cultura Económica, 1998.

De Fusco Renato, "Arquitectura como mass médium", notas para una semiología arquitectónica, Barcelona: Anagrama, 1967.

García Gómez Carmen, et al., "2do. Congreso internacional, el habitar para una investigación proyectual", Art. Calidad de vida en la vivienda de interés social en Mérida Yucatán, México: FASE, UNAM 1999.

Germani Fabris, "Fundamentos del proyecto gráfico", Barcelona: Ediciones Don Bosco, 1973.

González Pozo, "El dominio del entorno", México: SEP, 1971.

Gregotti, et al, "Teoría de la proyectación arquitectónica", Barcelona: G. Gili, 1971.

Hegel G. W., "Lecciones de Estética", México: Ediciones Coyoacán, 1997.

_____, "Enciclopedia de las ciencias filosóficas", México: Porrúa, 1971.

Heidegger M., "Arte y Poesía", México: Fondo de Cultura Económica, 1997.

_____, "Construir, habitar, pensar", Conferencias y artículos. Barcelona: Serbal, 1994.

Hesselgren Sven, "El hombre y su percepción del ambiente urbano, una teoría arquitectónica", México: Limusa, 1980.

Moles Abraham, "Teoría de los objetos", Barcelona: G. Gili, 1979.

Muntañola Joseph, "Comprender la arquitectura", Barcelona: Teide, 1985.

_____, "Comprender la Arquitectura", Barcelona: Teide, 1985.

_____, "Arquitectura: texto y contexto", Barcelona: Edición Univ. Politécnica de Cataluña, 1999.

Pardo, J. Luis, "La formas de la exterioridad", Valencia: Pretextos, 1992.

Prudhomme Sully. "La experiencia de las Bellas Artes, La Psicología aplicada al estudio del Arte y del Artista", Buenos Aires: Joaquín Gil, 1954.

Rodríguez J. Ma., "Arquitectura como semiótica", Buenos Aires: Nueva Visión, 1977.

Saldarriaga R, "Habitabilidad", Bogotá: Escala Fondo, 1981.

Vilches Lorenzo, "La lectura de la imagen", México- Buenos Aires: Paidós, 1986.

49

Poética arquitectónica subterránea

JOSÉ CARLOS GALLARDO ULLOA

Analizar la arquitectura subterránea a través de Gastón Bachelard y la poética del espacio, es aproximarse fenomenológicamente a los valores esenciales brindados en estos espacios protegidos con y en la tierra.

Las diversas imágenes poéticas que en el espacio subterráneo se producen, se convierten al experimentarse, en un juego dialéctico y elocuente de sentimientos y ensoñaciones, que no se viven tan intensamente en la arquitectura convencional de la superficie. Se conjugan en estos espacios enterrados, valores ontológicos del habitar del hombre, un sentido primigenio de la casa, la caverna, donde el ser humano busca el refugio natural en la misma naturaleza, exaltándose diversas sensaciones y emociones.

Existe en esta arquitectura, una fuerte dialéctica entre el espacio interior y el exterior, o como dice Bachelard, en lo de dentro y lo de fuera, encontrando matices no necesariamente contrapuestos, una transformación cualitativa del espacio que involucra conexiones y delimitaciones graduales.

El carácter simbólico de lo enterrado, nos conduce también a un sentido de encuentro y de génesis de toda vida. La fuerza metafísica de sus valores transmiten al hombre un mundo mágico y de misterio, siendo su experiencia fenomenológica un despertar y descubrir constante.

Asimismo, el espacio subterráneo expresa valores espaciales ontológicos de refugio, protección y defensa, encontrados por Bachelard en su imagen fenomenológica de la concha, los cuales han estado presentes desde la antigüedad y que actualmente son valores que sustentan la elección de este tipo de hábitat.

Las diferencias presentes entre los espacios interior y exterior en la arquitectura han sido siempre motivo de controversia y polémica. En el sentido estrictamente formal y geométrico, en esta dialéctica se enfrentan en una oposición ontológica. Bachelard nos señala, "desde el punto de vista de las expresiones geométricas, la dialéctica de lo de fuera y de lo de dentro, se apoya sobre un geometrismo reforzado donde los límites son barreras" [1].

Aparentemente en la arquitectura subterránea, estas barreras geométricas son evidentemente poderosas, pero la experiencia y caso existentes comprueban que no es necesariamente así, muchas veces la geometría es una arma que conlleva a una integración y conversación mucho más franca entre el interior y el exterior, que no se da en algunas arquitecturas de la superficie.

El punto de encuentro entre un exterior y un interior es el acceso, y en él se pueden realizar experiencias e imágenes poéticas de diversa índole, un acceso no es siempre expresión de lo cerrado y lo abierto, permite también una secuencia espacial, donde el sentido de lo exterior y lo interior se va perdiendo o se va transformando, un verdadera metamorfosis del ingreso hacia dentro. Bachelard dice, "la puerta es todo un cosmos de lo entreabierto" [2].

En la arquitectura subterránea, podemos encontrar desde civilizaciones muy antiguas hasta las actuales, una variedad tipológica espacial y de relación entre el interior y el exterior. Existen casos de lo tajante, lo contrapuesto, donde el exterior termina, comienza el interior. También existen espacios intermedios y la experiencia espacial de ingreso es tamizada y fluyente, a través de patios o rampas. Uno va ingresando a lo subterráneo sin darse cuenta de ello, aunque se está descendiendo del nivel superficial, aún se puede sentir el firmamento cubriendo nuestro espacio.

La contraposición de valores espaciales de un exterior y un interior enterrado, no está siempre regido a criterios contrapuestos de grandeza y pequeñez o de infinitud y finitud. Poéticamente, los valores asociados a lo exterior también los puede poseer un interior de alguna manera, "... la miniatura (o lo enterrado) sabe almacenar grandeza. Es vasta a su modo" [3].

El carácter interno del espacio subterráneo posee dimensiones y valoraciones estéticas particulares. La mezcla de nuevas sensaciones involucradas en la experiencia fenomenológica del espacio subterráneo ejercen variedad de reacciones en el hombre, las cuales no son negativas, y pueden ser en muchos casos, muy positivas y estimulantes.

Asimismo, el espacio externo de esta arquitectura, nos brinda una imagen poética de gran relación con la naturaleza y el paisaje. La conformación del paisaje por la mano del hombre, propicia una integración mucho más intensa, una vuelta a su origen, donde no se crea para destruir, sino para construir un entorno, un ambiente, un hábitat; procurar de esta manera un verdadero habitar en él. El exterior deja de ser infinito e inalcanzable, para convertirse en un medio tangible, una extensión del interior, un lugar para coexistir con la naturaleza.

En este caso, la arquitectura subterránea no es sólo un ocultarse de, sino un protegerse para. Una dotación en una sola obra arquitectónica de una multiplicidad de opciones de vivencia, de experiencia del espacio arquitectónico. El exterior no es ya el enemigo, como en algunas situaciones de clima agreste, es ahora también, la arquitectura producto de necesidades psíquicas de vivir más intensamente su hábitat.

Gastón Bachelard, en su búsqueda poética del espacio interior, refiere a los valores encontrados en la imagen poética de la concha y esos conceptos son concordantes a los ofrecidos por la arquitectura subterránea, en su espacialidad interior y relación con el exterior. El crecimiento espiral de adentro hacia fuera es una cualidad esencial de estos moluscos, que se compara con la ontogénica formación espacial de la arquitectura subterránea. La secuencia y configuración espacial interior subterránea, está esencialmente planteada desde un excavar el interior y buscar el exterior. Es la conexión de dos mundos opuestos ontológicamente, que quieren encontrarse y coexistir.

En este concepto, la concha de Bachelard, refiere a una salida, una dialéctica del surgimiento, nos dice, "todo es dialéctica en el ser que surge de una concha y como no surge todo entero, lo que sale contradice a lo que queda encerrado. Lo posterior del ser queda encarcelado en formas geométricas sólidas" [4].

En estos conceptos y valores de la concha, y el surgimiento y salida del molusco que lleva dentro, nos hace pensar que en la arquitectura subterránea existe también una perenne dualidad espacial y experiencial, que conecta el interior excavado con la superficie, una permanente dialéctica de un despertar, de un volver a ser lo que se ha sido.

El espacio interior enterrado se convierte en el opuesto del espacio libre exterior, en el negativo del volumen saliente en la superficie.

Bachelard señala, "el ser que se esconde, el ser que se centra en su concha, prepara una salida... las evasiones más dinámicas se efectúan a partir del ser comprimido" [5]. Asimismo, en la energía de la salida del dicho molusco, nos aclara las imágenes subterráneas envueltas en una energía visual contiendo una dialéctica de lo oculto y lo manifiesto, lo encadenado y lo libre, lo pequeño y lo infinito. Esta oposición es mucho más clara y poderosa en este tipo de arquitectura.

El crear ensoñaciones en una concha, nos transporta a la esencia de ésta como origen de la vida. La tierra, como analogía de lo anterior, es el medio principal de fecundidad y de despertar a un mundo nuevo. Desde la antigüedad y en diversos pueblos del mundo, se ha tomado a la tierra como símbolo de la vida, la gestora de ella, la cavidad y fase de nacimiento a otra vida no terrenal, una relación dialéctica cosmológica del encierro y libertad, o de lo dormido y lo despierto.

> Tierra, devuélveme tus dones puros
> las torres del silencio que subieron
> de la solemnidad de sus raíces:
> quiero volver a ser lo que no he sido,
> aprender a volver desde tan hondo
> que entre todas las cosas naturales
> pueda vivir o no vivir: no importa
> ser una piedra más, la piedra oscura,
> la piedra dura que se lleva el río.
>
> (Pablo Neruda, Tierra)

Asimismo, Bachelard, nos conduce por los pasajes poéticos de la concha, como valor esencial del hábitat humano, el valor ontológico del refugio.

En este refugio o casa-concha, como él lo llama, permite encontrar también en los orígenes del espacio subterráneo, el valor esencial de la casa natural, la búsqueda de abrigo y protección, así como de encierro y tranquilidad, en donde la soledad es acrecentada por la completa configuración del espacio envolvente, y donde habitar la oquedad terrestre permite encontrarse con uno mismo en privacidad, aislamiento y reposo. "Habitar solo ¡gran sueño¡ la imagen más inerte, la más físicamente absurda, como la de vivir en la concha, puede servir de germen a un tal sueño" [6].

Otro valor concordante y análogo a lo escrito por Bachelard en su poética del espacio, con respecto a la arquitectura subterránea, es el sentido de protección que la concha contiene frente a un exterior agresivo, procurando una defensa a toda amenaza.

En lo subterráneo, existe también el criterio de defensa como esencia del resguardo de la tierra. Este elemento natural propicia una protección climática singular y poderosa por su inercia térmica, aunque también ese sentido de ocultación bajo la oquedad terrestre, permite defensas de otra índole como de guerras, plagas, etc. El espacio interior subterráneo se convierte, pues, en la propia concha que defiende lo que está dentro de la amenaza de lo que está afuera, una ensoñación de protección.

Bachelard también incluye en sus reflexiones, imágenes poéticas del espacio gruta concha. En él se vierten ensoñaciones de misterio, miedo, peligro, etc., producto de la experiencia de su ingreso y asomo. En la arquitectura subterránea, se evidencia este carácter elocuentemente. El miedo el misterio es parte integrante de la experiencia de encontrarse con una oquedad terrestre, una ocultación de lo que está visible, una imagen de lo oscuro y lo desconocido. Leonardo da Vinci en su reflexión sobre la caverna nos dice:

> Y arrastrado por un ardiente deseo, e impaciente por ver la gran cantidad de formas diversas y raras creadas por la habilidad de la naturaleza, estuve un buen rato dando vueltas entre las sombrías rocas, hasta que me encontré en la boca de una caverna ante la que me quedé un tanto confuso, pues ignoraba de que pudiera tratarse, y allí permanecí con la cintura arqueada, la mano izquierda apoyada en la rodilla y la derecha a modo de pantalla ante las fruncidas cejas. Y volviéndome varias veces a uno y otro lado para ver si allá adentro podía vislumbrar algo, lo que me impedía la grande oscuridad que allá dentro reinaba. Estuve algún tiempo

hasta que de pronto surgieron dos cosas a la vez: temor y deseo; temor por lo amenazador y oscuro de la gruta, y deseo de ver si allá dentro había alguna cosa maravillosa.

(Leonardo da Vinci, *La caverna*)

Bachelard, hace referencia explícita a la subterraneidad del espacio en la arquitectura, y brinda ensoñaciones de misterio y miedo, "la gruta-concha es aquí una ciudad fortaleza para un hombre solo, para un gran solitario que sabe defenderse y protegerse con simples imágenes. No hacen falta barreras ni puertas de hierro: dará miedo entrar..." [7].

Todas estas emociones son experimentadas en este tipo de arquitectura. La aventura de vivir distintos espacios y producir distintas sensaciones, hace de su experiencia una opción verdaderamente viable e interesante. La arquitectura subterránea por tanto, se encuentra en una posición bastante expectante en este presente de tecnología avanzada, como si el hombre llegase después de tanto andar al punto de partida y como si sintiese que la esencia de las cosas están realmente en donde comenzaron, pues comenzaron natural y sinceramente.

Déjame un subterráneo, un laberinto
donde acudir después, cuando sin ojos,
sin tacto, en el vacío
quiera volver a ser o piedra muda
o mano de la sombra.
Yo sé, no puedes tú, nadie, ni nada,
otorgarme este sitio, este camino,
pero, que haré de mis pobres pasiones
si no sirvieron en la superficie
de la vida evidente
y si no busco, yo, sobrevivir,
sino sobremorir, participar
de una estación metálica y dormida
de orígenes ardientes.

(Pablo Neruda)

Notas

1. Bachelard, Gaston, "La poética del espacio", México: FCE, 1975, p.254
2. Bachelard, *op. cit.,* p. 261
3. Bachelard, *op. cit.,* p. 254
4. Bachelard, *op. cit.,* p. 143
5. Bachelard, *op. cit.,* pp. 146-147
6. Bachelard, *op. cit.,* p. 159
7. Bachelard, *op. cit.,* p.167

Bibliografía

Bachelard, Gaston, "La poética del espacio", México: FCE, 1975.
Neruda, Pablo, "Odas elementales", Buenos Aires: Editorial Losada, 1958.

José Carlos Gallardo Ulloa

58

Un acercamiento al tema de lo sublime para encontrarlo en la arquitectura

MARÍA ELENA HERNÁNDEZ ÁLVAREZ

Hablar del tema de lo sublime, y explícitamente para intentar encontrarlo en a arquitectura, no es asunto fácil; inclusive quizá muchos consideren que para una disciplina, actualmente considerada pragmática, profesionalizante y de autoría protagónica, el punto sería inabordable ya que, además, se estima que pertenece al ámbito de lo subjetivo. Sin embargo, y convencida de que es posible hallar lo sublime en algunos edificios, estas líneas intentan un acercamiento objetivo a la idea de lo sublime, acudiendo para ello y en primera instancia a algunos pensadores que han profundizado en este tema. La selección de estos autores es empírica, aunque cronológica, y está acotada en base a que, en las reflexiones que ellos hacen, consideran directa o indirectamente a la arquitectura. Por otro lado, para comprender mejor las ideas que aquí se presentan, pido al lector hacer el ejercicio de ejemplificar en algún edificio concreto que muestre, en su lenguaje no verbal, lo sublime en la arquitectura.

Hasta donde se conoce, fue Longino [1] quien comenzó a profundizar en este tema. Su tratado *On the Sublime* es la pieza fundacional de las teorías de lo sublime y, además, se considera una de las tres obras clásicas de la Antigüedad [2]. Longino define la sublimidad en una obra cuando ésta presenta una eminencia o excelencia en su lenguaje, lo cual tiene reglas precisas y perfeccionadas hasta su último posible. Una vez producida la obra, se nos hace posible identificar sus fuentes, y por lo tanto sus reglas de construcción.

Para este pensador, las fuentes de la excelencia son cinco: aprehensión de grandes pensamientos, pasión, figuras de pensamiento o lenguaje, dicción y composición. Así, para Longino:

Lo sublime no es más que el eco de un alma grande... Por su pensamiento, el hombre no sólo puede abarcar el universo, sino sobrepasar sus límites. La naturaleza ha inspirado en nuestras almas un amor insaciable por todo lo que es más grande y más divino que nosotros mismos... con frecuencia la imaginación sobrepasa los límites del espacio... y la grandeza y belleza de cuanto nos rodea nos hace percibir de inmediato el fin para el que hemos sido creados. [3]

Durante la Edad Media, no fue muy conocido el tratado de lo Sublime de Longino, y de hecho su primera traducción data del año 1554 en donde el traductor llama corrientemente al autor como Pseudo Longino. Otra traducción importante la realizó Boileau [4] en 1674 bastante apegado a las ideas del autor. Sin embargo, las ideas de Longino traducidas por Boileau fueron cuestionadas posteriormente por Edmund Burke [5] quien se anticipó al pensamiento de Kant [6] afirmando que lo bello produce un deleite, lo sublime también engendra un "terror deleitable" al cual se entrega el alma sin poder evitarlo. El alma queda entonces "embargada"; los objetos sublimes son vastos, grandes, sólidos, macizos. Aún con este cuestionamiento, o más bien enriquecimiento, la idea de "lo sublime" va construyéndose de manera incluyente desde Longino, hasta los filósofos Wilhelm Worringer [7] y Nicolai Hartman [8], ya entrado el siglo XX.

Muy cercano a Edmund Burke, Immanuel Kant, con su muy sólida doctrina sobre lo sublime, nos dice que, "Lo bello lleva consigo un sentimiento directo de impulso a la vida, pero lo sublime es un placer que nace al sentir una suspensión momentánea de las facultades vitales, seguida inmediatamente por un desbordamiento mucho más fuerte de las mismas" [9]. Y concluye este pensador que "... sublime llamamos a lo que es absolutamente grande" [10].

Ahora bien, el término "absolutamente grande" lo explica Kant de la siguiente manera, lo grande no es una magnitud, lo que es verdaderamente grande no se contiene en cosa alguna, por ejemplo, en el océano, en las nubes o en una tormenta, sino en nuestro propio espíritu. Es decir, lo sublime no concibe límites y, sin embargo, lo absolutamente grande, o sublime, tiene que ver con que únicamente el ser humano percibe esa infinitud. Por lo tanto, es en el ser humano que se percibe esa absoluta grandeza, y así, lo infinito es lo absolutamente grande. Además, el poder considerar esto como un todo, denota una facultad del espíritu que supera toda la medida de los sentidos [11]. Por otro lado, Kant también nos advierte que el genuino sentimiento de lo sublime no es una experiencia común a todo ser humano de esta manera, lo que para el hombre culto es sublime, al hombre rudo y vulgar no le produce más efecto que el de un terror servil y depresivo. Para él, "sublime es aquello en comparación con lo cual toda otra cosa es pequeña" [12]

Por su parte. Hegel expresa su idea de lo sublime como lo *elevado*, lo *absoluto*. "La sublimidad no está contenida en ninguna cosa en la naturaleza sino en nuestro ánimo, en cuanto somos conscientes de ser superiores a la naturaleza en nosotros y también a la naturaleza fuera de nosotros... lo sublime es el intento de expresar lo infinito" [13].

Al igual que Kant, Hegel [14] dice que para captar lo sublime y lo infinito como un todo, sólo nos es posible hacerlo por medio de la intuición. Cuando el arte hace valer la sustancia del todo en lo fundamental de su contenido y de su forma, entonces se produce lo auténticamente sublime [15].

Explica Hegel que el poeta que anhela contemplar lo divino, y realmente lo contempla, sacrifica también al propio yo, pero, a la vez, capta la inmanencia de lo divino en su interioridad, así ampliada y liberada; y por eso crece en él esa serena intimidad, esa libre felicidad, esa turbulenta beatitud que en el rechazo de la propia particularidad se hunde por completo en lo eterno y lo absoluto. Además, reconoce en todo la imagen y la presencia de lo divino en donde, esta compenetración del yo por lo divino y la vida beatífica ebria de Dios, linda con el misticismo [16]. Para Hegel, el universo está concebido como una sola sustancia. Cuando el arte hace valer la relación fundamental con esta sustancia, tanto en su contenido como en su forma, entonces se produce la forma artística de la sublimidad [17]. En ésta, el ser es llevado por la intuición como única manera en que puede acercarse a Dios.

Nicolai Hartmann distingue lo natural sublime y lo artístico sublime, y nos dice que debemos ver lo sublime en casi todos los terrenos en lo que nos sale al encuentro algo grande o superior a nosotros [18]. Sublime es lo que tan sólo con poder pensarlo

61

atestigua una facultad del ánimo que sobrepasa cualquier medida de los sentidos. Así, en la comprensión de algo tan sin medida, debe aparecer un sentimiento de desmedida [19]. Según él, los encuentros más puros se dan en donde menos se los buscaría, y particularmente esto sucede en las artes no figurativas, es decir, en la música y en la arquitectura. Asimismo, nos dice que lo más alto en composición espacial y dinámica en toda la historia de la humanidad, se dio en el gótico [20].

Hartmann propone una estructura para la comprensión de lo sublime estético, fundamentada en los dos puntos básicos del pensamiento kantiano acerca de lo sublime: el valor fundado en un disvalor y lo absolutamente grande. De esta manera, la clasificación de lo sublime para Hartmann es la siguiente:

1. Lo grande y lo grandioso.
2. Lo serio, solemne, sobresaliente, profundo o abismal.
3. Lo cerrado en sí, perfecto; lo callado y silencioso, y lleno de misterio.
4. Lo superior en la naturaleza, lo prepotente y dominante, lo superior moralmente, lo imponente.
5. Lo enorme, lo poderoso y terrible, lo monumental, lo lapidario, lo duro y lo colosal en la forma.
6. Lo sobrecogedor y conmovedor.
7. Lo trágico.

Según Hartmann, las dos artes más capaces de representar lo sublime son la música y la arquitectura. Estas artes no "representan" verdaderamente, sino que sólo hacen sensible aquello que tratan de expresar en sus formas autónomas, en las que aparece la poética del trasfondo [21].

Para Worringer, el misticismo, o sinónimo de sublimidad, es, en buena parte, un producto gótico. El misticismo le dice al individuo que se empequeñezca y que se anule a sí mismo para fundirse en la divinidad que existe dentro de él. El hombre, bajo esta consideración, es como un vaso donde habita Dios, en donde el ser humano se engrandece y se eleva a terrenos sublimes.

Según este autor, y a manera de ejemplificar, en la catedral gótica, la mística y la escolástica se juntan de modo indisoluble; lo que las reúne es su carácter trascendental o sublime, y lo que las distingue es la diferencia entre sus modos de expresión. El interior de las catedrales góticas produce la emoción de una experiencia suprasensible.

Ahora bien, en la escolástica el éxtasis del intelecto es lo que a la mística el éxtasis del alma. El éxtasis del alma es la emoción más grande que puede experimentar el ser humano y se traduce, como lo define Worringer, en el refinamiento y la sublimación de las emociones hasta llevarlas a la esfera de lo suprasensible. Esta esfera es como un espacio, como la intención del espacio gótico. Sin embargo, la experiencia de lo sublime no la puede experimentar todo ser humano. Según Worringer, cuando se aumentan los factores sensibles en un ser humano, éste debilita su dualismo con respecto al mundo exterior hasta el punto en que se puede separar de ese dualismo y se atreve a enfrentarse solo con el mundo [22].

El hombre que busca lo divino en el foco del propio yo, y que sabe que ahí se encuentra la posible percepción de lo sublime, es capaz de crear obras de arte a su imagen y semejanza. Dice Worringer:

> Dentro de la concepción medieval, lo divino es buscado en el foco del propio yo, en el espejo de la contemplación interior, en la embriaguez y éxtasis del alma. He aquí una nueva conciencia humana, un nuevo orgullo humano, que considera al pobre yo del hombre como digno de ser el vaso de Dios. Así el misticismo no es otra cosa que la creencia en la divinidad del alma humana; pues sólo siendo el alma misma divina, puede contemplar a Dios. ¡Cuán lejos queda el trascendentalismo oriental de esta orgullosa intuición, de esta fe en la capacidad de lo humano, de lo condicionado, de lo contingente, para extenderse y amplificarse hasta participar en lo divino, en lo incondicionado, en lo absoluto! El oriental sabe que no puede jamás contemplar a Dios; el místico cree poder participar aquí del allá... La mística se ha acercado tanto a la tierra que ya no ve lo divino fuera de este mundo, sino en el mundo mismo, es decir en el alma humana y en todo lo que es accesible a ésta. La mística cree poder participar de la divinidad por la vía del éxtasis y de la inmersión de su propio ser [23].

63

Y continúa:

> El misticismo, al hacer del hombre el vaso de la divinidad, al reflejar a Dios y el mundo en el mismo espejo del alma humana, comienza un proceso de santificación, de divinización o, para nombrarlo por su verdadero nombre, de humanización, que abraza todo lo exterior, todo lo natural, y que, con gran consecuencia, se desenvuelve luego en la forma de ese panteísmo idealista que llama hermanos a los árboles, a los animales; en suma, a todo ser creado. La seguridad de poder contemplar a Dios en sí mismo produce como una primavera de las almas [24].

En un ejemplo de arquitectura, los edificios góticos, en la austeridad de sus espacios, la intención, o pensamiento "grande", era elevar al alma humana para que percibiese lo sublime, esto es, lo absolutamente grande, infinito. Conforme avanzaron el tiempo y el gótico, se produjo una especie de "primavera" espacial en la que la unificación de un "todo grandioso" se convirtió en una suma gloriosa de infinitas formas y líneas en la que todo cabe, nada sobra. El todo en el espacio gótico tiene su multiplicidad infinita, su resonancia; es una armoniosa sinfonía de espacio y piedra, de luz y cobijo. Es un poema no verbal habitable. La catedral gótica es espacio universal, cósmico, inmenso, infinito e íntimo, en una palabra: sublime. La estética gótica fue una doctrina de lo sublime que expresa la idea de belleza dual, es decir, un íntimo pero infinito cobijo, un terror profundo, a la manera en que Burke ya lo señaló, una altitud inaccesible, insondable en su profundidad y en su carácter de *totaliter alter*. [25]

Finalmente, todas las ideas expresadas hasta aquí armonizan con exactitud lo que afirmaba San Agustín [26]: "lo sublime es la emoción más profunda que el espíritu humano puede experimentar". Esta emoción es dual, por un lado la finitud de criatura, que se hunde anegado a su propia nada, y a la vez, la vivencia de excelsa beatitud en la que el alma humana puede vivir cotidianamente.

Para ejemplificar este breve acercamiento al concepto de lo sublime, a continuación, un testimonio de la existencia de un trasfondo sublime:

"Yo soy un hombre español, es decir, un hombre sin imaginación... el arte español, es realista... el pensamiento español, es realista... la poesía española, la épica castiza, se atiene a la realidad histórica... soy un hombre que quiere ante todo ver y tocar las cosas y que no se place imaginándolas: soy un hombre sin imaginación. Y lo peor es que el otro día entré en una catedral gótica... Yo no sabía que dentro de una catedral gótica habita siempre un torbellino; ello es que apenas puse el pie en el interior fui arrebatado de mi propia pesantez sobre la tierra... Y todo esto vino sobre mí rapidísimamente. Puedo dar un detalle más común a aquella algarabía, a aquel pandemónium movilizado, a aquella realidad semoviente y agresiva... [y ya fuera de la catedral, se sentó a contemplarla, a ya recordar lo que había vivido dentro de ella] había mirado hacia arriba, allá, a lo altísimo, curioso de conocer el acontecimiento supremo que me era anunciado, y había visto los nervios de los pilares lanzarse hacia lo sublime con una decisión de suicidas, y en el camino trabarse con otros, atravesarlos, enlazarlos y continuar más allá sin reposo, sin miramiento, arriba, arriba, sin acabar nunca de concretarse; arriba, arriba, hasta perderse en una confusión última que se parecería a una nada donde se hallara fermentando todo. A esto atribuyo haber perdido la serenidad" [27].

Y también un hermoso pasaje poético que nos remonta a lo sublime por su grandeza, no en tamaño físico, pero sí en excelencia de lo perfecto: "La industria y el artificio con que todos los animales construyen su nido, son tan grandes que no es posible mejorarlos," [28]. Telar de los sueños, tela tupida de inmensa intimidad, ensueño de la seguridad perfecta, de la esencia del ser vivo, espacio sublime que se obtiene por la presión reiterada del pecho, del seno, del corazón, del trastorno evidente de sus palpitaciones.

Finalmente, nos queda ahora el reto de identificar, y también de concebir, espacios arquitectónicos, con reglas precisas y lenguaje eminente, que produzcan la excelencia, y en los cuales nuestra alma se vea arrebatada por algo absolutamente grande, algo en su trasfondo que nos deje pasmados percibiendo los infinitos de nuestra existencia.

Notas

1. Longino vivió en la Grecia clásica, probablemente en el siglo III A.C., fue crítico literario y profesor de retórica. Su tratado sobre lo sublime es amable para realizar su correlato a las otras artes, particularmente a la arquitectura.
2. Las otras dos obras clásicas de la Antigüedad son La *Poética* de Aristóteles y *Arspoética* de Horacio.
3. Longino, *On the sublime*, cap. 9.2, p. 61.
4. Nicolas Boileau-Despreaux. (París 1636- París 1711). Poeta y crítico. Estudia Derecho, pero abandona los estudios para dedicarse por completo a la Literatura. En su obra *Arte Poética* establece el código de las normas clásicas. Contribuye a establecer la tradición clásica e influye en toda Europa con esta defensa de los clásicos.
5. Edmund Burke. (Dublín 1729- Beaconsfield, 1797). Político y escritor irlandés. Una obra muy importante suya es *Investigación filosófica sobre el origen de nuestras ideas de lo sublime y de lo bello*.
6. Immanuel Kant (Könisberg, 1724-Könisberg, 1804). Filósofo alemán. Su pensamiento abarca la física, la filosofía, la estética, la astronomía y las matemáticas. De familia humilde; su padre, pastor protestante, le da su formación religiosa. Como otros filósofos modernos, produce cambios importantes en la estructura tradicional universitaria. Su pensamiento está influido por la Ilustración francesa. Formula las clasificaciones de la teoría del conocimiento y trata de conciliar el racionalismo con el empirismo. Su filosofía está signada por el idealismo trascendental que marca un paso definitivo y fundamental en la historia y evolución de la filosofía moderna. Publica más de 200 títulos sobre filosofía.
7. Wilhelm Worringer. (Aquisgrán, 1881-Munich, 1965) Historiador y teórico del arte alemán. Es conocido por su teoría de la *Einfühlhung* (empatía). En su obra más importante, *Abstracción y Einfühlung* (1908), intentó llevar a cabo un análisis de la psicología de los estilos, basado en la integración del concepto de empatía y abstracción. Otra obra importante es *La esencia del estilo gótico*.
8. Nicolai Hartmann. (Riga 1882-Gotinga, 1950). Filósofo de origen ruso que emigra a Alemania. Influido por el pensamiento de Aristóteles, Kant y Hegel. Es uno de los vanguardistas de la metafísica del siglo XX. Afirma que el saber filosófico se construye sobre sí mismo, permitiendo su pluralidad. Aborda su teoría del conocimiento desde

tres fases diferentes: la fenomenológica, la fase aporética, y la fase teorética. Acepta la ética de valores como término medio de la virtud para fundamentar sus postulados en la libertad.

9. Kant, I., *Crítica del juicio*, § 23, p. 146.
10. Kant, *op. cit.*, § 25, p. 149.
11. Kant, *op. cit.*, § 26, p. 156.
12. Kant, *op. cit.*, § 25, p. 151.
13. Kant, *op. cit.*, § 26 p. 158.
14. George Wolfgang Friedrich Hegel (Stuttgart, 1770- Berlin, 1831). Filósofo idealista alemán. Estudia en la Universidad de Tubinga y se gradúa en Teología y Filosofía al lado de Friedrich Wilhelm Joseph von Schelling y del poeta Johann Christian Friedrich Hölderlin. Recibe la influencia de Schelling y de los románticos de 1801 a 1807 cuando terminó su libro *Fenomenología del Espíritu*. Hegel parte de la filosofía de Kant, pero logra su autonomía; el fundamento y método de su pensamiento está en la teoría del desarrollo dialéctico de la idea lógica que cumple tres estados sucesivos: tesis, antítesis y síntesis. Concibe el alma, la conciencia y el espíritu como las tres etapas del espíritu subjetivo. La particularidad de su pensamiento es el concepto del devenir de la apreciación evolutiva del pensamiento humano y el saber global, para llegar a una posición historicista en todas las áreas del saber humano, la naturaleza y el universo. Se le considera ateo porque sostiene que la religión es una representación entre arte como intuición y filosofía como concepto. Hegel influye en los filósofos posteriores quienes utilizan su ley general del devenir y su dialéctica.
15. Hegel, G.W.F., *Estética.*, pp. 131 y 132.
16. Hegel, G.W.F, *op. cit.*, pp. 125 y 126. En la página 129, Hegel nos refiere al poeta Goethe "...que se vio atraído en sus últimos años por esa amplia y despreocupada serenidad, y ya anciano, se tornó pleno de inmensa beatitud, con el ardor de la sangre, hacia esta libertad de sentimiento que ni en la polémica perdió la más bella imperturbabilidad". En su canto a *Suleika*, dice Hegel que se necesita haber ejercitado una amplitud infinita, un sentido del saber consciente en todos los tormentos, una profundidad y juventud del corazón.
17. G.W.F. Hegel, *Lecciones sobre la estética*, p. 274.
18. Hartmann, *Estética*, p. 426.
19. Hartmann, *op. cit.*, p. 431.
20. Hartmann, *op. cit.*, p. 432
21. Nicolai Hartmann hace una interesante propuesta acerca del trasfondo en la obra de arte. Este trasfondo está compuesto por diferentes estratos desde los cuales el artista crea obedeciendo a un impulso que se manifiesta en su intuición. El artista mismo no sabe

por qué crea, únicamente obedece a este impulso y deberá atravesar un número indefinido para él de capas o estratos hasta manifestar su obra de arte en el mundo de la realidad. Asimismo, el contemplador de una obre de arte deberá atravesar un número indefinido de capas o estratos que le van revelando el trasfondo de la obra de arte hasta llegar a su fondo mismo, en donde se encuentra la sustancia, voluntad que emana la obra de arte. En este punto de encuentro el artista y el contemplador se fusionan en un acto de amor de tal suerte que el contemplador experimenta en sí mismo el acto creador; como si él mismo tomase la pluma o el pincel del artista. El tratado de este autor acerca del trasfondo de la obra de arte merece ser presentado en otro documento, particularmente por la importancia que tiene para la comprensión del valor estético en la arquitectura. Pueden consultarse las dos obras de Nicolai Hartmann que se refieren a estas ideas en su tratado de *Estética* y en su *Introducción a la Filosofía*.

22. El dualismo que plantea Worringer se explica como la relación que tiene el hombre con su cosmos en cada una de las cuatro categorías humanas que él identifica: hombre primitivo, hombre oriental, hombre clásico y hombre nórdico.
23. W. Worringer, *La esencia del gótico.*, pp 135 y 136.
24. Worringer, *op. cit.*, p. 136.
25. Estrada Herrero, Estética, p. 639.
26. Agustín de Hipona (354-430) el más grande de los Padres de la Iglesia Católica Romana.
27. J. Ortega y Gasset, *La deshumanización del arte*, pp. 101-103.
28. Bachelard, G., *La poética del espacio*, pp. 125 y 126

Bibliografía

Bachelard, Gastón, "La poética del espacio", México: Fondo de Cultura Económica, Breviarios # 183, 1975.

Estrada Herrero, David, "Estética", Barcelona: Herder, 1988.

Ferrater y Mora, J. "Diccionario de Filosofía", Barcelona: Editorial Ariel, 1994.

Hartmann, Nicola. "Estética", México: UNAM, 1977.

_____, "Introducción a la Filosofía", México: Instituto de Investigaciones Filosóficas, U.N.A.M., 1969,

Hegel, G.W.F., "Estética", Buenos Aires: Ediciones Siglo Veinte, 1983.

Hernández, María Elena, "Supuestos morfogenéticos de la arquitectura, el caso de la catedral gótica", México. Architecthum Plus, 2007.

Kant, Emmanuel, "Crítica del juicio", México: Espasa Calpe, 1990.

Longino, "On the sublime", Baltimore: Penguin Books, 1967.

Ortega y Gasset, José, "La deshumanizacion del arte", Madrid: Revista de Occidente, 5a ed., 1958.

Worringer, Wilhem, "La esencia del gótico", Buenos Aires: Ediciones Nueva Visión, 1973.

María Elena Hernández Álvarez

La voluntad creativa en la arquitectura deconstructivista

JOSÉ LUIS LIZÁRRAGA VALDEZ

"…Así como los antiguos tomaban su inspiración de los elementos del mundo natural, también nosotros (material y espiritualmente artificiales) debemos hallar la nuestra en el nuevo mundo mecánico que hemos creado; la arquitectura debe ser la expresión más hermosa de ese mundo, la síntesis más cabal, la más eficaz integración artística"
Sant'Elia en el Messaggio (*)

Descubrir cada uno su propia voluntad de ser, es el objetivo base de este trabajo que se fundamenta a partir de la oración -célebre para un servidor - "Se ha podido todo lo que se ha querido, y lo que no se ha podido es porque no estaba en la dirección de la voluntad artística". [1] En el presente ensayo se expone cuál es el origen de una voluntad, caracterizada por describir el espíritu y la ciencia que intervienen en nuestro tiempo. El espíritu por lo sublime -hacer sentir- y la ciencia por lo terrenal -hacer reflexionar-. Conocer o ser consciente del origen de la voluntad artística, que interviene en cada una de las bellas artes, y en especial en la arquitectura, es el de tratar de encontrar el porqué de su contenido en lo objetivo y principalmente en lo subjetivo, a través de su forma y esencia. A la oración de Worringer anteriormente citada, la complemento con la siguiente deducción, que trata sobre la existencia en la arquitectura de una voluntad de ser, de las que se derivan otras voluntades como la Contenida, la compositiva, la expresiva y la material [2]. El movimiento arquitectónico deconstructivista es el objeto de análisis al que se hacen aplicar estas actitudes, y concluyo en una apreciación vista desde el campo de las humanidades.

Descrita la estructura y entonación de las presentes líneas, inicio describiendo lo siguiente: En el hombre existen diversos tipos de voluntades, como, por ejemplo, la voluntad de hablar, de compartir, de conocer, de pensar, de concebir, de vivir, etc. que nos llevan a un desarrollo personal y profesional.

Son la voluntad de conocer, pensar y concebir, las que abren una amplia visión de conocimiento y, por consecuencia, el hombre se adentra al campo del arte, en donde éste o la obra artística, es un sentimiento expresado e iluminado bajo la luz de su creador, un objeto artificial, que evoca expresión subjetiva, que se manifiesta a través de formas, y es en estas formas donde se encuentra impresa la sensibilidad del progenitor.

Se puede apreciar en la pintura, escultura, música, danza, teatro, cine y arquitectura, siendo en esta última -la de mayor interés para nosotros- en donde el desarrollo de la misma, a través del tiempo, nos inquieta y satisface al tratar de penetrar profundamente en ella. Por lo tanto, acudo a la siguiente referencia: "Nunca conseguiremos apropiarnos de las modalidades internas de las épocas pasadas hasta el punto de pensar con su espíritu y sentir con su alma" [3]. Referencia que estimula a ejercer la intuición, así es, esta peculiar característica del ser humano que acompañada del razonamiento lo hace diferente al instinto que poseen los animales. Es por ello, que en este momento es posible apropiarme de las modalidades artísticas internas de nuestra época, en la que deambula nuestro espíritu y alma. Ahora, una característica que encuentro en la arquitectura, se puede describir por medio de lo siguiente: "Las obras tienen una voluntad de ser: son materia con la impronta voz que las anima. Corresponde entonces al arquitecto aprender a "oír" dichas voces" [4]. De esta cita, se derivan lo siguiente: una voluntad contenida, una voluntad compositiva, una voluntad expresiva y una voluntad material. A continuación, pasaré a analizar las características de estas voces o actitudes aplicándolas de la siguiente manera:

Voluntad de ser

Aquí se evoca la visión que da origen al sentimiento de creación.

Los discursos arquitectónicos europeos de principios de siglo, así como el desarrollo de la máquina, las ideas paradigmáticas de los futuristas italianos -pasión por las innovaciones técnicas y fe en el futuro-, junto con el cubismo francés, -descomponer para volver a componer- dan la base que sustenta la concepción del Constructivismo -más geometría, más técnica, una ingeniería en el arte-.

Los nuevos materiales industriales y la máquina, iban conteniendo en sí una belleza espacial propia.

Antes de continuar aclaro lo siguiente:

Hoy en día conocemos esta tendencia como Deconstructivismo, que resplandeció a principios de los años 80´s y tomó los conceptos formales y teóricos mencionados del movimiento ruso, y para diferenciarse de las obras actuales se le antepuso la palabra "De". También quero mencionar las líneas que se han derivado de esta tendencia arquitectónica, de acuerdo a las obras y a sus creadores contemporáneos, dichas son: las que basan su obra en los conceptos de los rusos, los que toman una línea filosófica y los que toman una línea escultórica.

Voluntad contenida

En la presente se evoca una visión, que da origen a una manifestación cultural: aquí se ponen en conexión los aspectos dinámicos y de provisionalidad que dan las máquinas a los lugares ampliamente desarrollados, vistos desde la ingeniería arquitectónica.

Los nuevos medios de comunicación se van multiplicando en estas ciudades, en donde las características de la novedad y la invención se va mezclando en el desarrollo social y, por lo tanto, en el auge económico que abre la concepción a la cosmovisión cultural.

En la nueva cultura se aprecia una distorsión en todo el ámbito artístico. El artista sigue teniendo la capacidad de aproximarse a la realidad concreta y de integrar aquello que palpita en la calle, como se explica aquí:

> "Cada obra en cambio es singular, mantiene… una relación única e instrumental con el contexto, con el usuario o con las arquitecturas preexistentes. En general (son) obras;… concebidas como expresión del subconsciente, hechas a base de superposiciones o configuradas a partir de la agregación de diversos fragmentos" [5].

Voluntad compositiva

En esta voluntad se evocan las cualidades de la composición: se entiende como una composición abstracta, cuyo carácter denominador es la línea, base en que se condensa la fuerza física y lírica, especialmente en las diagonales y la espiral.

Se aboga por el edificio desnudo, por la pureza inherente a las formas elementales, es decir, se "llega a la utilización de formas simples en conflicto, produciendo una geometría inestable e intranquila. Proporcionan una arquitectura de ruptura, dislocación, deflexión, desviación y distorsión. Un proyecto deconstructivo

José Luis Lizárraga Valdez

presenta una habilidad para alterar ideas sobre la forma, es decir: una sensibilidad diferente, en la que el sueño de la forma ha sido alterado, la forma se ha contaminado, el sueño se ha convertido en una especie de pesadilla" [6].

Se "dejan todas las formas puras de la tradición arquitectónica e identifica los síntomas de una impureza reprimida, la impureza la hace manifiesta por medio de una mezcla de suave convencimiento y violenta apariencia de tortura. En el diseño no existe un sólo eje de jerarquía de formas sino un nido de ejes y formas en competencia y en conflicto; es como si la perfección siempre hubiese contenido a la imperfección, la perfección es en secreto monstruosa, torturada desde dentro, la forma aparente perfecta confiesa su crimen, su imperfección. La forma ya no tiene relación estructural pareciendo producto de una explosión" [7].

Voluntad expresiva

Aquí se alude al respeto de las acciones anteriores, y al producto final: Parece ser que se da una representación escénica en cada obra, como un capítulo de la fantasía de cada autor. El artista contribuye o tiende a hacer más elevadas las necesidades físicas e intelectuales de la sociedad en su conjunto, es por ello que:

"Buscan una forma espectacular ostentosa que exprese su oposición a las normas de construcción y ornamentación, sin tener el cumplimiento de las exigencias funcionales" [8].

Voluntad material

En esta voluntad se evoca a los materiales. En estas intervenciones singulares se hace una utilización tecnológica avanzada y sofisticada, teniendo una aplicación respetuosa hacia la expresiva apariencia natural del material. Se renuncia, en principio, a la producción en serie y a la industrialización radical.

Descritas las actitudes, con la estructura que propongo aquí, doy por entendido los conceptos, para así acudir de nuevo a la cita de Worringer: "Se ha podido todo lo que se ha querido, y lo que no se ha podido es porque no estaba en la dirección de la voluntad artística".

Entonces, si "el humanismo busca la dignidad del hombre" y "descubre al hombre como esencialmente hombre". Por lo tanto, el humanismo "pone en relieve algún ideal humano" [9]. Esta cita que puntualizo, abre la mirada hacia la espiritualidad del hombre, como Worringer por su cuenta alude:

"Por sentimiento vital entiendo el estado psíquico en que la humanidad se encuentra en cada caso frente al cosmos, frente a los fenómenos del mundo exterior, este estado se manifiesta en la calidad de las necesidades psíquicas, esto es, en la constitución de la voluntad artística absoluta, y tiene su expresión externa en la obra de arte, es decir, en el estilo de esta, cuya peculiaridad es precisamente la peculiaridad de las necesidades psíquicas" [10].

Este movimiento artístico acepta la ausencia del lugar y sus significados contextuales humanos. Tiene como atractivo lo caótico, que encaja excelentemente con las grandes ciudades, con características de mestizaje, densidad, caracteres laberínticos y contradictorios.

Con estas definiciones claras y crudas el humanismo como "bBúsqueda de la dignidad del hombre" queda pisoteado, y humillada la nostalgia hacia el pasado cultural histórico y sus valores. Estos pensamientos sobre la percepción del arte que encajan con la modernidad de nuestros días, caben en otro de los campos del humanismo al puntualizar: el humanismo pone en relieve algún ideal humano.

Y los ideales de esta tendencia artística, es el depositar la confianza en los materiales o piezas de ensamblaje para edificar, que la ciencia y la tecnología ofrecen, dadas por la sabiduría e inteligencia proporcionada por el momento de hoy, momento mismo que da la espiritualidad, en esta presente dimensión.

Me auxilio para concluir con las siguientes deducciones:

"Algunos pueblos se pierden en sus pensamientos; pero para nosotros los griegos, todas las cosas son formas" [11].

"… la arquitectura de la ciudad se opone sencillamente a la vida" [12].

Ahora, retomo los dos palabras esenciales en esta exposición: espiritualidad y ciencia.

Los hechos arquitectónicos modernos muestran una tendencia de acrecentada valoración de la ciencia, por lo que se ha descuidado el espíritu, cayendo en la deshumanización.

El futurismo paradigmático, incongruente o no, hacen pensar en el desarrollo del hombre que se vislumbra sumergido en máquinas, donde la técnica-tecnología es visible, sin su uso y

José Luis Lizárraga Valdez

dominio quedas relegado en otro contexto, y tu ser, acompañado de tus sentimientos tienen menor validez.

La robotización humana poco a poco se va dando, de manera que programa su tiempo, emociones y sentimientos. El autoconocimiento perfila su apoyo en el exterior, con ello obviamente conoces y tomas como instrumento la tecnología. El paradigma es quieras o no, te guste o no; tienes que aprender la técnica y para ello hay expertos en todos los campos específicos de aplicación.

Pero ¿dónde hay expertos en la enseñanza, de cómo obtener el desarrollo de tu espiritualidad, de tu mística propia, de tu propia voluntad de ser? Para poder placenteramente decir: "He podido todo lo que he querido, y lo que no, es porque no estaba en mi voluntad de ser"

Hay que descubrir cada uno, cada quién, su propia voluntad de ser, porque una finalidad más de este ensayo es que conozcas, tomes tu postura de expresión, es decir, hay que hacernos conscientes y responsables de nosotros mismos, de nuestros actos, educarnos para educar, primero espiritualmente, como persona, después explorar el exterior: todas las manifestaciones que cada día aporta la humanidad a un mundo global, pero no descuidando tu esencia, tu ser.

Notas

1. Worringer, "La esencia del Gótico", Buenos Aires: Ediciones Nueva Visión, 1973, p.9.
2. Ramírez Ponce, "Apuntes del Seminario: Teóricos mexicanos", UNAM.
3. Worringer, *op. cit.*, p. 9.
4. Ramírez, *op. cit.*
5. Montaner, J. "Después del movimiento moderno", Barcelona: G. Gili, 1993, pp. 216-217.
6. Johnson P. Wigley M., "Arquitectura deconstructivista", Cambridge: MA, 1972, pp. 10-20.
7. Johnson, *op. cit.*, p.10.
8. Gympel, "Historia de la Arquitectura de la antigüedad a nuestros días", Barcelona: Könemann, 1996.
9. Hernández A., "Antología: Arquitectura y Humanidades, algunas características y consideraciones del humanismo", UNAM, p.11.
10. Worringer, *op. cit.*, p. 45.
11. Valery P. "Eupalinos o el Arquitecto", París: Gallimard, 1923, p. 41.
12. Fernández A. "La metrópoli vacía", Barcelona: Anthropos, 1990, p. 30.

Bibliografía

Fernández A. "La metrópoli vacía", Barcelona: Anthropos, 1990.

Gympel, "Historia de la Arquitectura de la antigüedad a nuestros días", Barcelona: Könemann, 1996.

Hernández A., "Antología: Arquitectura y Humanidades, algunas características y consideraciones del humanismo", UNAM.

Johnson P. Wigley M., "Arquitectura deconstructivista", Cambridge: MA, 1972.

Montaner, J. "Después del movimiento moderno", Barcelona: G. Gili, 1993.

Ramírez Ponce, "Apuntes del Seminario: Teóricos mexicanos", UNAM.

Ra "Revista de Arquitectura", Iconografía del constructivismo ruso, febrero 1997, No. 1.

Valery P. "Eupalinos o el Arquitecto", París: Gallimard, 1923.

Worringer, "La esencia del Gótico", Buenos Aires: Ediciones Nueva Visión, 1973.

78

La sabiduría del héroe

JORGE ANÍBAL MANRIQUE PRIETO

Sabiduría ante todo; adquiere sabiduría;
y sobre todas tus posesiones adquiere inteligencia.
Proverbios 4:7

Engrandécela, y ella te engrandecerá;
ella te honrará, cuando tú la hayas abrazado [1].
Proverbios 4:8

La intensión de este ensayo no es idolatrar a nadie, solamente se tratará de reconocer algunos de los valores del héroe que Cassirer narra en las lecciones de Thomas Carlyle sobre el culto del héroe, tercera parte de su libro "el mito del estado". El héroe al que se referirá este documento es el hombre que propició la existencia del edificio de la biblioteca Virgilio Barco, en la ciudad de Bogotá.

El héroe de esta historia, así como lo menciona Carlyle, reune los valores de muchos otros héroe que lo antecedieron o contemporáneos a él. Héroes de los cuales supo discernir su sabiduría, semilla que aunque fue sembrada muchos años atrás e incluso siglos, fructifica hoy como una de las más sublimes aportaciones a la arquitectura y a la cultura colombiana.

Comenta Carlyle "no podemos prescindir de Shakespeare. (…) Shakespeare no pasa, permanece siempre con nosotros",[2] hablando de este escritor como un prototipo de héroe. Hoy también es inevitable prescindir de Le Corbusier a la hora de hablar de la arquitectura de nuestro tiempo, como también desde ahora y seguramente por mucho tiempo será imprescindible en Colombia y aun en Latinoamérica evocar al héroe detrás de la biblioteca Virgilio barco.

Nuestro personaje se caracterizó por hacer de su oficio prácticamente una religión que vivió intensamente y le permitió con dedicación legar a dar muy buenos frutos en su actividad creativa. Carlely cometa que para el héroe es imprescindible tener intensidad en el sentimiento que lo mueve [3], como lo evidencia inclusive la obra de grandes arquitectos como Louis Khan, la cual es el resultado de mucho tiempo de dedicación, de ver el oficio de la arquitectura con deseo e intensidad.

"Lo que constituye el carácter del héroe según la teoría de Carlylees la rara y feliz unión de todas las fuerzas creadoras y constructivas del hombre" [4]. Cómo no recordar con ello a los grandes maestros de la arquitectura del renacentista que viven en la memoria de nuestro héroe; Filipo Brunelleschi que inauguró el Renacimiento italiano en Florencia, Andrea Palladio con su síntesis teórico práctica, y la virtud creativa presente en la iglesia de San Carlos de las cuatro fuentes, en roma, del gran maestro barroco, Borromini [5].

El héroe de la Virgilio barco aprendió de Pierre Francastel (historiador y crítico de arte francés) la sinceridad; el no callar cuando se tiene que decir la verdad sobre ti mismo y sobre los demás [6]. Aprendió también a respetar la libertad de los demás e incluso de la misma naturaleza [7], valores que el arquitecto finlandés Alvar Aalto, logró proyectar desde su profundo ser a la arquitectura.

La claridad del pensamiento, la gran energía en la acción y una gran fuerza de voluntad [8] fueron los valores de un extraordinario arquitecto colombiano del cual nuestro héroe también aprendió. Fernando Martínez Sanabria, nacido en España, amó con pasión a Colombia; desde muy temprano se apartó del funcionalismo, del racionalismo y de muchos ostros "ismos" de la arquitectura, para proponer una arquitectura del lugar, una arquitectura topológica, como manifestación de la cultura colombiana.

Fueron las virtudes de este maestro las que nuestro héroe tomo como suyas para seguir adelante como un profeta de la arquitectura respetuosa del espíritu del lugar en Colombia.

Como prototipo de profeta, el héroe de la Virgilio Barco, se divisa como "gigante entre los hombres circundantes, por su fuerza material y espiritual" y hace parte de los "promotores de la cultura humana" [9] como lo ha sido uno de su más cercanos amigos, que con sus escritos en un abrir y cerrar de ojos cautivó a más de treinta millones de personas en todo el mundo, sumergiéndolas en el realismo mágico en el cual se suele vivir en Colombia; amigo valeroso y con gran aura, Gabriel García Márquez.

Dentro del héroe que se ha venido analizando, existe también un gran sentido por lo social, es un hombre en esencia político. Carlyle, para describir esta parte del héroe dice: "el visionario, cuyo pensamiento formulado en palabras despierta la soñolienta capacidad de todos para el pensamiento (…) el pensamiento si es profundo, sincero y autentico tiene la fuerza de hacer maravillas [10]". Maravillas como la proyección y construcción de la biblioteca Virgilio Barco.

La biblioteca es producto también de la gestión de dirigentes políticos, y líderes comunitarios que, aunque hoy con esta precaria investigación no se les pueda reconocer claramente, fueron los que vislumbraron el proyecto de red de bibliotecas de Bogotá (dentro del cual se fecunda el proyecto de la Biblioteca Virgilio Barco), como una estrategia para fortalecer la cultura y las relaciones interpersonales entre los ciudadanos.

Existe una virtud que el héroe de la biblioteca Virgilio Barco quiso mantener hasta el último día de su existencia física, virtud aprendida de su padre y que Cassirer interpretando a Carlyle describe así: "Este es el hombre que vive entre las cosas, no entre la exhibición de las cosas" [11]. Su padre fue el que lo impulsó, el que trabajó tras nuestro héroe para que él pudiera ser quien fue más adelante; el que por sus medios lo relacionó con Le Corbusier, lo envío a Europa y le acompañó en su búsqueda personal. En pocas palabras de todos los héroes que se han mencionado este es el que más cerca y más respaldo le dio a nuestro héroe; lo más curioso es que son pocas las líneas que le dan el crédito que se merece, tal vez porque él nunca buscó un reconocimiento.

Finalmente, dice otro proverbio "Oirá el sabio, y aumentará e saber, y el entendido adquirirá consejo" [12]. Rogelio Salmona el héroe de la biblioteca Virgilio Barco, oyó el consejo de todos los héroes mencionados anteriormente y de muchos otros más Se convirtió en un sabio con los años y esa sabiduría hoy le da grandeza de llegar a ser considerado un héroe; de la arquitectura, la cultura y porque no decirlo, de la sociedad Colombiana.

Notas

1. La Santa Biblia, Libro de los Proverbios cap. 4, vrs. 7 y 8; versión reina Valera, 1960, p. 833.
2. Cassirer, Ernst, "El mito del estado", México: FCE, p. 263
3. Cassirer, *op. cit.*, p. 259
4. Cassirer, *op. cit.*, p. 258
5. Téllez, Germán, "Rogelio Salmona obra completa: 1959/2005", Bogotá: Escala, 2006, pp. 159 y 160.
6. Cassirer, *op. cit.*, p. 256
7. Cassirer, *op. cit.*, p. 253
8. Cassirer, *op. cit.*, p. 257
9. Cassirer, *op. cit.*, p. 255
10. Cassirer, *op. cit.*, p. 257
11. Ídem
12. La Santa Biblia, Libro de los Proverbios cap. 1 vrs. 5 y 6; versión reina Valera, 1960, p. 831.

Bibliografía

Cassirer, Ernst, "El mito del estado", México: FCE.
Téllez, Germán, "Rogelio Salmona obra completa: 1959/2005", Bogotá: Escala, 2006.

La Torre Eiffel
Reivindicación de la autoestima de un pueblo

YHESSY AURORA PAREDES CHÁVEZ

La Torre Eiffel es a París lo que a Nueva York el Empire State. O tal vez más. La diseñó el ingeniero Gustave Eiffel para la Exposición Mundial de 1889 como una síntesis de los logros científicos y tecnológicos de aquellos días.

La Torre Eiffel es una de las extasías del mundo moderno, y la insignia más representativa de París; resulta muy complicado si no imposible, imaginarse a París sin la Torre Eiffel o la Torre Eiffel sin París para ser contemplado desde lo alto de la misma. Es un lugar mágico lleno de historia, un lugar sagrado como nos comenta Cassirer Ernest, quien afirma que no hallamos cultura alguna que no esté dominada por elementos míticos y compenetrada de ellos [1].

Gustave Eiffel y su compañía fueron los emprendedores de semejante proyecto que comenzando en 1887 fue concluido en marzo de 1889, poco más de dos años después [2]. La Torre Eiffel se encuentra en el *arrondissement* o distrito 7 de París, a un costado del Río Sena, de frente a Trocadero y junto a Champ de Mars. La Exposición Universal de 1889 le regaló a París –y a Francia– su más conspicuo monumento: la Torre Eiffel. Muy criticada en su momento y a punto de haber sido demolida, con sus 325 m de altura, sobrevivió 40 años como el edificio más alto de la tierra, y más de un siglo como el símbolo del país galo. Es, además y por supuesto, Patrimonio de la Humanidad por UNESCO [3].

Grandes exposiciones parisienses consolidaban la economía desde la revolución. La sociedad real británica copia la idea. Henry Cole (miembro de la Sociedad de las Artes) visita en 1849 la exposición nacional francesa. A su vuelta se discute con el príncipe Albert convertir la exposición nacional en internacional [4].

El 1 de mayo de 1851 la Gran Exposición de los Trabajos de la Industria de Todas as Naciones abría sus puertas, Londres pasaba a convertirse en el primer eslabón de una cadena de exposiciones que recorrería ciudades, cruzaría océanos y, al menos por unos meses, hermanaría a las naciones del mundo. En el Hyde Park y por iniciativa del príncipe alemán Alberto de Saxe-Coburgo-Gotha, consorte de la reina Victoria, nacía la primera exposición universal; sobre 10.4 hectáreas, el mundo se mostraba a sí mismo. Pero el espíritu del evento estaba impregnado de la soberbia imperial británica, para ese entonces toda una potencia financiera, económica y en firme proceso de industrialización [5].

Desde la primera Exposición Universal, efectuada en Londres en 1851 (de la cual, lamentablemente, no queda nada ya que el famoso y audaz Palacio de Cristal fuera siniestrado en un incendio en 1936), las potencias europeas utilizaron estos eventos para dar

a conocer sus adelantos científicos y artísticos y, por supuesto, como una herramienta de propaganda política. Por ello, París había organizado exposiciones universales en los años 1855, 1867 y 1878. El año de 1889 era una fecha especial para Francia, ya que se cumplían 100 años de la Toma de la Bastilla y de la proclamación de los principios de libertad, igualdad y fraternidad, que sirvieron de inspiración para la independencia de muchas naciones en la tierra. Sin embargo, el lamentable baño de sangre real que sucedió a la Revolución Francesa cohibió a monarquías europeas de entonces, como Inglaterra y Prusia, a participar de la exposición.

Pero además, la Tercera República Francesa necesitaba la exposición para recuperar la moral de la nación, tras la caída del Segundo Imperio y la vergonzosa derrota en la guerra Franco-Prusiana en 1871. Era pues imprescindible lograr una imagen que pusiera de nuevo a Francia en la palestra de las grandes potencias europeas [6].

Este período arquitectónico de la "arquitectura de la ingeniería" y del "eclecticismo historicista", tuvo tres campos de aplicación: la de los puentes de hierro, la de las grandes cubiertas de hierro y cristal (palacio de cristal para la misma exposición) y la de las altas estructuras (Torre Eiffel y grandes almacenes como los de la Escuela de Chicago). En el apogeo de su poder económico, Francia se entregó a un festival de exposiciones y Gustavo Eiffel, fue quien llevó a la cúspide las realizaciones de hierro laminado y roblones. Sus dos geniales obras: La Galería de las Máquinas y la Torre Eiffel [7].

Justamente en esta época se estaba innovando, dejando fuera la moda o el mundo del espectáculo, Eiffel no se basaba en imágenes, o preconceptos establecidos, Vargas Llosa nos declara que un hecho singular de la sociedad contemporánea es el eclipse de un personaje que desde hace siglos y hasta hace relativamente pocos años desempeñaba un papel importante en la vida de las naciones: el intelectual. Hay excepciones, pero, entre ellas, las que suelen contar –porque llegan a los medios– son las encaminadas más a la autopromoción y el exhibicionismo que a la defensa de un principio o un valor. Porque, en la civilización del espectáculo, el intelectual sólo interesa si sigue el juego de moda y se vuelve un bufón [8]. Y es justamente lo que no hace Eiffel; él defiende un principio, un valor, su ideal, a pesar de ir en contra de la sociedad, logró su propósito, sin seguir a esta civilización del espectáculo, él no se volvió un Bufón sino todo lo contrario.

El protagonista de esta historia, Gustave Eiffel hace historia dejando un hito en la ciudad de las luces, como menciona Carlyle la vida histórica entera la identificó con la vida de los grandes hombres; sin ellos no habría historia: habría estancamiento y ésto significaría muerte [9].

Eiffel no llevó a cabo la ejecución de la torre sin oposición. Decenas de artistas, literatos, poetas, escultores y otros intelectuales, entre los que estaban Charles Garnier y Alexander Dumas, escribieron una carta abierta condenando la torre, a la que veían como un monstruoso artefacto que ineludiblemente destruiría el bello perfil de París [10]. En dicha carta se comentó:

"Nosotros, escritores, pintores, escultores, arquitectos, apasionados aficionados por la belleza de París hasta ahora intacta, venimos a protestar con todas nuestras fuerzas, con toda nuestra indignación, en nombre del gusto francés anónimo, en nombre del arte y de la historia francesa amenazadas, contra la erección en pleno corazón de nuestra capital, de la inútil y monstruosa Torre Eiffel, a la que la picaresca pública, a menudo poseedora de sentido común y espíritu de justicia, ya ha bautizado con el nombre de Torre de Babel" [11].

El destino de la torre al cabo de 20 años, parecía no ser otro que su destrucción. Fue por eso que Eiffel hizo hincapié en las grandes ventajas científicas que una construcción de este tipo podía aportar e hizo instalar una estación meteorológica en la cima y, más adelante, una antena telegráfica, cuyos beneficios quedaron altamente comprobados a nivel militar. Así, Eiffel salvó su torre [12].

Después de esto se creó un sentimiento de atracción/repulsión de los artistas frente a la Torre Eiffel; sin duda, es Roland Barthes quien mejor describe este sentimiento: "Mirada, objeto, símbolo, la torre es todo lo que el hombre pone en ella y que todo es infinito. Espectáculo mirando y mirando, edificio inútil e irreemplazable, mundo familiar y símbolo heroico, testigo de un siglo y monumento siempre nuevo, objeto inimitable y sin cesar reproducido, es el signo puro, abierto a cada tiempo, a todas las imágenes y a todos los sentidos, la metáfora sin freno; a través de la torre, los hombres llevan esta gran función de la imaginación, que es su libertad, ya que ninguna historia, por muy sombría que sea, jamás pudo quitársela".

Podemos afirmar que precisamente esta torre que en su momento fue innovadora, única, objetiva, sin formar parte de la moda de su época, basada en imágenes preestablecidas, o preconceptos ya formulados, hoy en día, si forma parte del espectáculo, ya que su ciudad es reconocida por dicha imagen, y podría casi afirmar que muchas ciudades han intentado tener su propio icono, su propio hito, copiando este concepto para atraer turistas, bien lo dice Guy Debord, el espectáculo no es un conjunto de imágenes, sino una relación social entre personas mediatizada por imágenes [13].

También nos comenta que el principio del fetichismo de la mercancía, es la dominación de la sociedad a través de "cosas suprasensibles aunque sensibles" lo que se hace absolutamente efectivo en el espectáculo, en donde el mundo sensible se encuentra reemplazado por una selección de imágenes que existe por encima de él y que, al mismo tiempo, se ha hecho reconocer como lo sensible por excelencia [14]. Y es así como muchísimas personas sólo quieren conocer esta ciudad por dichas imágenes, por su torre, y no se está cuestionando el valor simbólico y arquitectónico de la torre, el valor lo tienen, pero es precisamente estas imágenes que solo ven a Paris como una torre, y ya lo había mencionado antes, que sería París sin su torre, o que sería la torre sin París.

Tanta fue la fuerza de la percepción visual y de la propaganda lírica, que la Torre devino la imagen espacial conocida y familiar de la ciudad, de un París que era ya para siempre el recuerdo de la imagen de su Torre [15].

Notas

1. Cassirer, E. "El mito del Estado", México: FCE, 1947.
2. Mundo city. (s.f.). Recuperado el 14 de septiembre de 2012, de http://www.mundocity.com/europa/paris/torre-eiffel.html
3. Mi Moleskine Arquitectónico. (s.f.). Recuperado el 14 de septiembre de 2012, de http://moleskinearquitectonico.blogspot.mx/2010/10/la-torre-eiffel-y-la-exposicion.html
4. Orriols, R. (s.f.). Les traces de l'efímer. Recuperado el 14 de septiembre de 2012, de http://www.etsav.upc.es/personals/monclus/materialesopt05
5. Dulac, A. A. (s.f.). Facultad de Diseño y Comunicación. Recuperado el 14 de septiembre de 2012, de http://fido.palermo.edu/servicios_dyc/publicacionesdc/vista/detalle_articulo.php?id_libro=120&id_articulo=449
6. Mi Moleskine Arquitectónico, op. cit.
7. Proyecto y Obra. (2000). Recuperado el 14 de septiembre de 2012, de http://www.proyectoyobra.com/torreiffel.asp
8. Llosa, M. V. "La civilizacion del espectáculo", Madrid: Santillana Ediciones Generales, S. L. 2012.
9. Cassirer, E. op. cit.
10. Mi Moleskine Arquitectónico, op. cit.
11. González, T. d. (s.f.). Los artistas contra la Torre Eiffel. Recuperado el 14 de septiembre de 2012, de http://www.iesxunqueira1.com/maupassant/Ariculos/eiffel_y_los_artistas.pdf
12. Mundo city, op. cit.
13. Debord, G., "La sociedad del espectaculo". París: Ediciones Naufragio,1967, p. 9.
14. Debord, op. cit. p. 21.
15. Llera, "Breve historia de la arquitectura", México: Diana, 2006, p.21.

Bibliografía

Cassirer, E. "El mito del Estado", México: FCE, 1947.

Debord, G., "La sSociedad del espectaculo". París: Ediciones Naufragio, 1977.

Dulac, A. A. (s.f.). Facultad de Diseño y Comunicación. Recuperado el 14 de septiembre de 2012, de http://fido.palermo.edu/servicios_dyc/publicacionesdc/vista/detalle_articulo.php?id_libro=120&id_articulo=449

González, T. d. (s.f.). los artistas contra la torre Eiffel. Recuperado el 14 de septiembre de 2012, de http://www.iesxunqueira1.com/maupassant/Articulos/eiffel_y_los_artistas.pdf

Llera, "Breve historia de la arquitectura", México: Diana, 2006.

Llosa, M. V. "La civilizacion del espectáculo", Madrid: Santillana Ediciones Generales, S. L. 2012.

Mundo city. (s.f.). Recuperado el 14 de septiembre de 2012, de http://www.mundocity.com/europa/paris/torre-eiffel.html

Mi Moleskine Arquitectónico. (s.f.). Recuperado el 14 de septiembre de 2012, de http://moleskinearquitectonico.blogspot.mx/2010/10/la-torre-eiffel-y-la-exposicion.html

Orriols, R. (s.f.). Les traces de l'efímer. Recuperado el 14 de septiembre de 2012, de http://www.etsav.upc.es/personals/monclus/materialesopt05

Proyecto y Obra. (2000). Recuperado el 14 de septiembre de 2012, de http://www.proyectoyobra.com/torreiffel.asp

Reflexión sobre el tema del espacio en la filosofía y la teología

MARÍA TERESA PORCILE SANTISO

La arcilla se utiliza para modelar cántaros,
pero el uso que a éstos pueda dársele,
dependerá de su espacio interior.
Sin puerta y sin ventana no se hablará de cuarto, habitación.
Aquí también es el espacio el que hace posible habitar.
Tao Te King

Es posible llegar a descubrir una antropología simbólica del espacio interior constitutivo que toda mujer lleva en su cuerpo. Para comprender el alcance de este modelo antropológico, es conveniente resituar el tema del espacio en relación con la filosofía. Las implicaciones del tema del espacio en relación con la mujer se manifiestan mejor al recordar lo que significa el espacio en sí. Dice Walter Brugger:

Entiéndase ordinariamente por espacio (spatium) un vacío extenso en el que los cuerpos se hallan, por decirlo así, como en un receptáculo. El espacio guarda, pues, relación con la extensión de los reales, pero no coincide con ella. Sigue existiendo (al menos para nuestra representación) aunque no contenga ningún cuerpo real. El espacio carente de todo ente corpóreo se denomina espacio vacío o vacío (vacuum). El espacio sin más, llamado también absoluto, se lo concibe como un receptáculo sin fin ni límites, inmóvil, siempre existente, en el cual está el universo (Porcile, UNAM).

En la filosofía antigua, el problema del espacio fue discutido generalmente en términos de oposición entre "lo lleno" y "lo vacío"; en cierto modo un paralelo a la oposición que existiría entre la materia y el espacio. Aristóteles concibe el espacio como "lugar", que equivaldría a un "campo" donde las cosas se particularizan. En la Edad Media, especialmente entre los escolásticos, las ideas sobre la naturaleza del espacio se siguen fundando en la filosofía antigua: se distinguen varias nociones del espacio, pero predomina la aristotélica: el espacio como lugar.

Desde una perspectiva metafísica, el problema de espacio engloba el problema más amplio de la comprensión de la estructura de la realidad y va ligado casi siempre a concepciones que vinculan el predominio de la espacialización al del racionalismo y el inmanentismo, y el de la temporalización, al del irracionalismo y el trascendentismo. Diversas tendencias filosóficas contemporáneas tienen otro punto de vista: la fenomenología, por ejemplo, niega la identificabilidad racionalista, ya que se refiere a la descripción del espacio como fenómeno; en la filosofía de Bergson se concibe el espacio como el resultado de una detención, como la inversión de un movimiento originario; Gabriel Marcel dice que hay en el propio Bergson indicios no explorados que permiten superar la oposición entre espacio y tiempo: por ejemplo, hablar de un "espacio vivido".

Hoy, psicólogos, arquitectos y ecólogos demuestran un interés especial en el tema del espacio vital, ya se perciba a través de la relación humana, de lo que el espacio en sí significa para la vida social y comunitaria, o en relación a la naturaleza. E. Hall, autor de *The silent language* introduce la ciencia de la proxémica, demostrando cómo el uso del espacio que hace el ser humano puede afectar las relaciones personales. Actualmente, toda una línea del pensamiento filosófico existencial es muy sensible a esta realidad del ser humano con relación al espacio y muy particularmente a la habitación cotidiana. Para Heidegger "être humain signifie habiter", el hecho de habitar es la llave que expresa la relación del ser humano con el mundo y la vida. Así como el alma habita el cuerpo, el cuerpo es el espacio-patria del alma y la matriz de todo espacio. Sobre la vivencia subjetiva del espacio, Pierre Kaufmann, profesor de la Facultad de Letras y Ciencias Humanas, en París Nanterre, dice:

La experiencia emocional nos pone en presencia de ciertas modificaciones del espacio perceptivo que parecen caracterizar, a través de la diversidad de situaciones y personas, a tipos bastante bien delimitados de emociones: una masa amenazante, por más que esté inmóvil, se agranda y se acerca; una fisonomía irritante nos impone, frente a frente, una distorsión caricatural; la alegría dilata al mundo y la angustia lo contrae; la vergüenza no borra los límites entre la interioridad del sujeto y la exterioridad corporal donde se expresa; la piedad nos hace sentir a la vez la proximidad de otra persona y el alejamiento, fruto de nuestra localización. Estas cualidades aparentemente nos afectan desde afuera; y sin embargo, no dudamos, al menos mientras estamos poseídos por la emoción, que signifiquen, cada uno a su modo, una de las posibilidades inmanentes de nuestra existencia (Porcile, UNAM).

La filosofía contemporánea plantea la problemática de un ser humano en situación. Es decir, el pensamiento existencialista es sensible a esta realidad del hombre en el exilio o del hombre arrojado al mundo, precisamente a la existencia. En este sentido, el espacio es visto como el lugar en el que se vive, en el cual el ser humano "habita". El existencialismo habría descubierto que después de Bergson -quien constituyera una cumbre relativamente tranquila de un temporalismo filosófico- se sentía la angustia del tiempo. El tiempo aparecía como factor capaz de corroer y destruir, como elemento desgarrador; a partir de allí, el espacio se abre como un consuelo. Otto Bollnow comienza su obra "El hombre y el espacio" con las palabras siguientes:

El carácter temporal de la existencia humana ha ocupado la filosofía de los últimos decenios tan extraordinariamente que se le puede calificar, sin más, de problema fundamental de la filosofía actual. Bergson fue seguramente el primero en formular, de modo categórico, este problema como el de la *"duré"*, del tiempo concreto experimentado, a diferencia del tiempo objetivo, susceptible de ser medido por un reloj. Poco después, Simmel lo transmitió a Alemania. Seguidamente, en el curso de su ontología existencial. Heidegger colocó resueltamente la interrogación acerca de la temporalidad de la existencia humana en el centro de su actividad filosófica y con ello hizo ver la cuestión en todo su alcance. Por su parte, Sartre y Merleau-Ponty asimilaron y difundieron estas líneas en Francia. Frente a ello, el problema del carácter espacial de la existencia humana, o dicho con palabras más simples, el espacio concreto experimentado y vivido por el hombre, ha estado relegado al último plano; lo cual es realmente sorprendente si se considera la interdependencia tradicional y ya casi proverbial de las cuestiones de espacio y tiempo (Porcile, UNAM).

Ciertamente, para la cultura actual es urgente e inevitable dirigir la atención hacia el tema del espacio en general y a todos los niveles: desde la problemática de la ecología y el equilibrio del medio ambiente, a las posibilidades fascinantes de la conquista del espacio exterior o del espacio virtual.

Es del tema del espacio físico de donde parte toda Física de Aristóteles; del estudio del lugar, del "topos". Todas las situaciones humanas tienen que ver con el espacio: detrás y delante; arriba y abajo; izquierda y derecha. Y dentro de esta constelación, el tema del centro es fundamental; el tema de la orientación del mundo, de los puntos cardinales, de la perspectiva, del "punto de vista". A este respecto, Víctor D'Ors, filósofo español, expresa lo siguiente:

Las ciudades dormitorios, la inestabilidad del hombre, el ritmo de la aceleración del tiempo, han contribuido a hacer del ser humano de estos tiempos, en cierto modo, un ser sin centro, sin patria, en exilio. Este "ser humano" experimenta al mundo como inhumano, violento, amenazante, sobre todo a través de la presión tecnológica o la opresión demográfica, o lo hace por la crisis de habitación; en todo caso el hombre moderno parece estar en una crisis de inestabilidad axiológica y en su pensar parece estar volviéndose hacia el espacio (Porcile, UNAM).

El mundo de hoy es pródigo en desplazamientos, intercambios y comunicaciones: de allí la urgencia del tema del espacio, la necesidad de encontrar "el centro", lugar de habitación.

De algún modo existe una cierta sacralidad del espacio: desde este punto de vista, el ámbito "casa-templo" esencialmente es el mismo. El tema es fundamental en la historia y en la psicología de las religiones. Para el "hombre religioso" no hay espacio homogéneo; todo espacio es factible de distinción o de ruptura, siempre hay un límite entre "espacio sagrado" (que es un espacio con significación) y el "espacio profano". Dice Barbotin:

El lugar consagrado para la manifestación o para el rito se distingue en lo sucesivo de todo el resto del espacio. Por efecto de una especie de hermenéutica instauradora (poesía, según Holderlin), este lugar es exaltado a un valor de significación radicalmente nueva; recibe una densidad ontológica superior que lo constituye en "centro", en ciertos casos, del mundo entero (Porcile, UNAM).

Es evidente, pues que existen abundantes indicios de que empieza a preocupar el tema del espacio. Se toma conciencia de que el problema del tiempo y de la historia ha sido prácticamente una preocupación en Occidente, en desmedro y olvido del tema del espacio.

Como lo expresa Víctor D'Ors nuevamente: "...El espacio es -contrariamente al tiempo- confidencial, amparador y estimulante; y el espacialismo restituirá la paz al pensar y luego al vivir humano" (Porcile, UNAM).

Para continuar con esta reflexión, vale la pena esbozar una primera síntesis de algunos puntos esenciales inherentes al espacio. Nos hacemos eco del pensamiento de Otto Bollnow, que lo expresa con meridiana claridad. Aún cuando haga alusiones etimológicas a la lengua alemana, ello no es obstáculo para concordar plenamente con su enfoque sobre el tema. Bollnow llega a las diez conclusiones siguientes:

1) El espacio es lo envolvente, en lo que todo tiene su sitio, su lugar, su puesto.

2) Espacio es el "margen de juego" que el hombre necesita para poder moverse libremente.

3) Espacio es, en su significación etimológica primaria, el claro creado en el bosque al despejarse un lugar para ser usado por una colonia humana. Así pues, el espacio es, en su origen, un espacio hueco.

4) Espacio es, además, el espacio no oprime, pero fundamentalmente cerrado; no es infinito por naturaleza.

5) Incluso en el caso del "espacio libre", no se trata de una infinitud abstracta, sino de la posibilidad de un avance sin impedimentos. Así, por ejemplo, como la alondra en el aire, como la amplitud de la llanura que se extiende.

6) El espacio se convierte, pues, en el espacio de despliegue de la vida humana que es medido según los conceptos subjetivo-relativos de estrechez y amplitud.

7) En cuanto a "quitar espacio" y "dar espacio", se trata de la rivalidad en el afán humano de despliegue. En sus necesidades de espacio los hombres chocan y tienen que repartírselo.

8) El espacio como "holgura" o "margen de juego" (Spielraum) también existe entre los objetos. Este espacio es a la vez holgura para el movimiento, es espacio intermedio entre las cosas. Sólo es espacio en cuanto está vacío, es decir, que sólo llega a la superficie de las cosas, pero no penetre en ellas.

9) El espacio es creado por el orden de los hombres y se pierde por su desorden.

10) Por lo tanto, "einräumen" (colocar) y "aufräumen" (poner en orden) son formas de organización de la esfera vital humana, en que se crea espacio para una vida útil (Porcile, UNAM).

Decíamos, pues, que el espacio es el gran olvidado en la cultura occidental actual en la que privilegia la historia y la temporalidad. Sin embargo, la urgencia de comprensión del tema es enorme; hasta el propio Heidegger, filósofo por excelencia de la temporalidad habla de la importancia del espacio para su quehacer filosófico:

"Sólo el trabajo abre el ámbito de la realidad de la montaña. La marcha del trabajo permanece hundida en el acontecer del paisaje (...) al hombre de la ciudad una estadía en el campo, como se dice, a lo más lo 'estimula'. Pero la totalidad de mi trabajo está sostenida y guiada por el mundo de estas montañas y sus campesinos (...) los hombres de la ciudad se maravillan a menudo de este largo y monótono quedarse solo entre los campesinos y las montañas. Sin embargo, esto no es ningún mero quedarse solo; pero sí soledad. En verdad, en las grandes ciudades el hombre puede quedarse solo como apenas le es posible en ninguna otra parte, Pero allí nunca puede estar a solas. Pues la auténtica soledad tiene la fuerza primigenia que no nos aísla, sino que arroja la existencia humana total en la extensa vecindad de todas las cosa (...) hace poco recibí la segunda llamada a la Universidad de Berlín. En una ocasión semejante me retiro de la ciudad a mi refugio. Escucho lo que me dicen las montañas, los bosques y los cortijos".8

El tema del espacio en la teología también es dejado de lado. Pero, así como del mismo modo que desde el punto de vista de la filosofía el espacio supone un consuelo, una restauración de la paz y del vivir, también en la teología el redescubrimiento del sentido del espacio parece ir en el sentido de una teología sapiencial, unificante, capaz de "ubicarnos" en esa relación que nos hace vivir, habitar. Es la perspectiva de una teología capaz de unir la reflexión especulativa y académica con la ponderación y la contemplación.

Si salvación tiene que ver con abrir un espacio, entonces Eva es la salvación de la humanidad ante la muerte porque ella se abre como un espacio de vida en un contexto de muerte y de exilio del "paraíso".

El filósofo francés Gastón Bachelard, en su libro sobre la poética del espacio, expresa la relación espacio y contemplación diciendo que la inmensidad del ser se agranda a través de la contemplación y que la actitud contemplativa es capaz de dar inmensidad a lo íntimo; acuña la expresión paradójica "inmensa intimidad".

Un elemento fundamental de la identidad de lo femenino y de la mujer es el espacio habitable en ella, el cual, también es un espacio de acogida en su exterior, es decir, el regazo o el abrazo, también. Si a la vez vemos la importancia del espacio en el mundo de hoy, en la reflexión filosófica, teológica y femenina parece haber una ineludible convergencia. Coinciden dos olvidos y dos intereses: el olvido del espacio y el olvido de la mujer, por un lado; y el interés por el espacio -que coincide con el interés por el tema de la mujer-, por otro.

Hoy surge un interés creciente por la espacialidad en todos los ámbitos que, además, coincide con la participación creciente de la mujer en todos los espacios del quehacer cultural, incluido el quehacer teológico. Parece haber una concentración de elementos que pueden contribuir a la construcción de un mundo "más habitable" y a una renovación del modo de reflexión teológica. En este sentido, si el espacio es una especie de llave hermenéutica de lo femenino, se tratará de utilizarla al buscar lo femenino. Por otra parte, una participación de la mujer y lo femenino en la teología tendrá ineludiblemente que dar frutos en materia de "espacio habitable" en la iglesia. Si hasta ahora la iglesia ha privilegiado el descubrimiento de las líneas de la historia de la salvación, será necesario ahora dedicar tiempo a una búsqueda de "espacios de salvación" en todos los temas o realidades a los que se aboque la teología.

Hoy que se redescubre la identidad de lo femenino, es necesario encontrarlo desde el punto de vista de la teología en Dios y en la Iglesia. Si lo femenino es espacio, lo que encontraremos en Dios y en la Iglesia al encontrar lo femenino, es la dimensión del espacio. Encontraremos un "centro", un abrazo, un acogimiento, un "espacio para que realmente habite el alma humana", un hogar vivo inmensamente íntimo, puerta íntima y comunitaria a la eternidad.

A todos los que, en la iglesia buscan ser, sencillamente, espacio libre para la danza del Espíritu.

Bibliografía

Porcile Santiso María Teresa, "Reflexión sobre el tema del espacio en la filosofía y la teología" Artículo publicado en la revista Académica Arquitectura y Humanidades, México: CIEP, UNAM.

Entretejidos de culturas diversas en la Sierra Gorda de Querétaro
Las aportaciones de Fray Junípero Serra en relación con el culto del héroe de Ernst Cassirer

MILENA QUINTANILLA CARRANZA

A fray Junípero Serra, se le puede definir como fraile-arquitecto-héroe en términos de Cassirer. En este ensayo, pretendo hacer una relación entre la fe que profesaba con pasión y el arquitecto que despertó en él para materializar un objetivo que surgió de su libre voluntad y su fuerza moral, en representación de los ideales de la conquista espiritual de la Nueva España.

¿Quién fue fray Junípero Serra?

Esta figura heroica, reconocido como uno de los más grandes representantes de la evangelización franciscana en el norte del territorio novohispano, vino al mundo en un humilde hogar de una familia sencilla mallorquina, de modestos labradores, honrados, devotos y de costumbres ejemplares. La vida lo encaminó por los senderos de la fe católica y el santo amor de Dios, asistiendo a la escuela del convento franciscano de San Bernardino. En su adolescencia, sintiéndose llamado por la vocación religiosa, viste el hábito franciscano en el convento de Jesús. Su misión inicia como docente en San Francisco durante tres años, hasta que en 1749, junto con veinte misioneros franciscanos parte hacia el Virreinato de la Nueva España, a fin de evangelizar a la región socialmente más complicada del nuevo territorio, pues sus habitantes chichimecas, eran considerados como los más agresivos y guerreros de todos los pueblos salvajes preexistentes.

En su libro *Mentalidad primitiva*, Lévy-Bruhl considera que la mente del salvaje es incapaz de todos los procesos de argumentación y raciocinio que le fueron atribuidos en las teorías de Frazer y Tylor [1], quienes por el contrario, postulaban que no había diferencia alguna entre la mente primitiva y la mente occidental. Quizás, esta visión del salvaje era la misma que se tenía de los chichimecas para los españoles que arribaron con fines de conquista, y por ello, fray Junípero era el hombre indicado para llevar a cabo aquella compleja misión.

¿Cuál fue su labor?

Su primera encomienda fue Santiago Xalpan (hoy Jalpan de Serra) en la Sierra Gorda de Querétaro, donde permanecería nueve años dedicado a convertir a los indígenas pames de la zona, al tiempo que les enseñaba diversos oficios, tales como los rudimentos de la agricultura, de la ganadería de tiro y de labor, así como a hilar y a tejer, esto significó integrarse plenamente a la comunidad, ser parte de ella sin dejar de ser él, para así conocerla a fondo, al tiempo que se conocía mejor a sí mismo, pues surgía una nueva cultura que no pertenecía ni a España, ni a los mexicas, pues emanaba a partir de una mezcla.

En este sitio el fraile franciscano, concluye la primera misión de las cinco que se construirán en la región. Junípero y sus acompañantes saben conjugar el mito de dos creencias, lo cual puede apreciarse en el portal adornado en la fachada con las vírgenes de Nuestra Señora del Pilar y Virgen de Guadalupe, así como un águila de doble cabeza, que simboliza la fusión de las dos culturas.

Fray Junípero contaba con una personalidad fuera de lo común, pues era sumamente caritativo con sus prójimos, al grado que prefería que se le castigase a sí mismo a fin de evitarle algún perjuicio a los demás, prefería humillarse a sí mismo en honra de su fe. "Era tanta la piedad y compasión de fray Junípero para con los pobres, que cuando veía alguno mal vestido o desnudo, inmediatamente se quitaba la túnica o la capilla del hábito y se la daba." [2] Thomas Carlyle, quien fue un historiador, crítico social y ensayista escocés, nos habla de que esta es una de las características esenciales del héroe en sus conferencias a mediados del S. XIX. El héroe para el autor, tiene que ser una gran alma, un auténtico ser humano.

Fray Junípero infundía temor en los demonios, por lo que la población se sentía segura en su presencia y confiaba en sus palabras, seguía sus pensamientos. Así en él, sobreviven las formas elementales y más antiguas de la tipología heroica: el dios y el profeta, sin que necesariamente fuese dios ni fuese profeta, era un mortal, pero con muchas de las cualidades que se les atribuyen a los dioses. En palabras de Carlyle: "Éste es el hombre que llamamos original: el que viene a nosotros como un mensajero con nuevas de lo infinito desconocido, de las tierras ignotas de la inmensidad. Llámesele como quiera, poeta, profeta, dios; todos, de un modo o de otro, sentimos que las palabras que sus labios profieren no son como las de los demás hombres. Proveniente de lo más profundo, de lo más íntimo de la realidad de las cosas, vive, precisamente tiene que vivir conforme a ellas, en directa y constante comunión con ese hecho, con esa realidad". (Carlyle, T.(1840) On Heroes, IV Conf., p. 120. Ed. Cent., V, 124).

El fraile era sumamente determinado en sus actos, llevaba a cabo cada promesa con devoción y convicción, siempre encomendado a su fe. Como prueba de ello, se dice que una vez estuvo seis meses sin hablar. "Asimismo, cuando oía venir el ruido de la sugestión diabólica, acudía inmediatamente a cerrar la puerta de su corazón, y ponía dentro, para seguridad de la fortaleza, mucha tropa de santos pensamientos y deseos, y cuando llega la sugestión carnal y llama a la puerta, respondía: -Afuera, que la casa está ya tomada y no cabe en ella más gente-; y así nunca dejaba entrar el pensamiento impuro dentro de su corazón" [3].

Previamente se ha mencionado la característica de la voluntad libre que Carlyle menciona en sus conferencias; ésta se refiere precisamente a esta tenacidad que movía potencialmente cada uno de sus actos. Carlyle lo refiere al sujeto moral, que "no hallamos por medio de procesos lógicos como la especulación, la contemplación o la demostración, sino por un acto de nuestra voluntad libre" [4]; en palabras del autor escocés. La voluntad libre, que Descartes expresa como *Volo, ergo, sum*; requiere un mundo como escena de su actividad.

Sin embargo, no puede soslayar que en este mundo se encuentran otros sujetos que se desenvuelven, actúan, laboran; por lo tanto tiene que respetar sus derechos y su original libertad. [5] Este acontecer sucede con fray Junípero, quien incluso exacerbaba esta moralidad, anteponiendo siempre a los demás al frente de sus propias necesidades. Así, voluntad libre se traduciría como convicción, tenacidad, moralidad, ética y compasión en una sola expresión. Si reflexionamos sobre la enorme dificultad que puede significar, la conjugación en cada uno de nuestros actos estas cualidades humanas, comprenderemos una de las principales razones de por qué fray Junípero es recordado hasta nuestros días.

En la misión de Landa dedicada a Nuestra Señora de la Inmaculada Concepción, nuestro protagonista interpreta el mestizaje por medio de las caras indígenas de las sirenas, lo que favoreció una identificación del pueblo evangelizado con el recinto y la nueva doctrina religiosa. En Tilaco, la fachada tiene pequeños ángeles, mazorcas de maíz y una imagen de San Francisco de Asís. Tiene, asimismo, una de las mejores capillas conservadas en una esquina del atrio, llamado "capilla de las posas", que se utilizaba para las procesiones; rito y expresión, que como nos dice Cassirer surge de la emoción provocada por el acto de fe, y las cuales, al igual que la capilla abierta, es una solución única y una aportación del arte colonial hispanoamericano. Elementos indígenas se encuentran en el interior de la Misión de Nuestra señora de la Luz Tancoyol, con una imagen de un jaguar y una persona con características olmecas.

Por su parte San Miguel Concá dedicada al Arcángel San Miguel, fue decorada con grandes flores, follaje y figuras gruesas en estilo indígena. También se distingue una imagen de la Santísima Trinidad en la cima junto con un conejo (símbolo pame) y el águila de dos cabezas. Lo anterior denota que Fray Junípero sabía que los procesos de evangelización no podían limitarse a la palabra ni a la persuasión de la nueva fe ajena y desconocida para los chichimecas, sino que el comprendía que debía materializarse para que la identificación con las nuevas tradiciones prosperara, pues como apunta Carlyle "la autocontemplación como mero acto teórico, es infaliblemente un síntoma de enfermedad… Existe un buscarse a sí mismo; un infructuoso mirar hacia atrás para medir la distancia que recorrimos, mientras que lo único que importa es seguir siempre adelante y adelantar el camino",[6]. Esta idea es expresada también en su lema: *Laborare est orare*. [7]

Junípero contaba con una impresionante capacidad imaginativa y una voluntad a prueba de todo; pese a no ser su profesión, tenía idea de los métodos constructivos de la época, además de que ideaba soluciones y materiales que sustituyeran los que se empleaban en su país de origen. "No es la facultad lógica, la de mensuración, la que reina en nosotros, sino la imaginativa" [8]. Para ello, queda claro que tuvo que haber comprendido e interpretado el contexto en el que se encontraba, a la cultura a la que evangelizaría, pero sobretodo comprendió que era un arduo proceso en el que habría de renunciar en muchas ocasiones a la lógica tal como a conocía, sustituyéndola por la fantasía; lo que en palabras de Carlyle sería que "el entendimiento es, en verdad la ventana…; pero la fantasía es el ojo, con su retina que descubre los colores, esté sana o enferma" [9] .

Esto es claro cuando el resultado formal de la arquitectura muestra un estilo barroco que a diferencia de otros templos y obras del sur de la Nueva España es notable la influencia de la decoración indígena, surgiendo así un "barroco mestizo"; gracias a la idea de nuestro personaje heroico al expresar por medio de la arquitectura una fusión de culturas en lugar de una imposición total.

Con ello, se lograría un nuevo medio para una convivencia pacífica y definitiva entre chichimecas-pames y frailes franciscanos, brindando una respuesta precisa y definida al momento y a las circunstancias. Fray Junípero se distingue de los falsos héroes de la conquista de la Nueva España, quienes imponen y no concilian, sobreponen y no fusionan, presumen y prescinden de carácter, mientras que Junípero es "el hombre que vive entre las cosas y no en la exhibición de las cosas" [10], conformándose con ello a solas con su propia alma y con su fe religiosa.

Fray Junípero fue un hombre revolucionario, cuya misión y visión fue más allá de sus obligaciones, fue sincero y coherente en cada uno de sus actos y sobre todo era un sujeto de plena consciencia moral, pues entendía que el mundo era la "escena de su actividad" [11], mas se encontraba con otros sujetos que actuaban y laboraban libremente y él sabía que no podía coartar esta libertad sino brindar una nueva identidad por medio de una mezcla filosófica, iconográfica y arquitectónica. Comprendió que "su acción y sólo su acción determinaba su valor…" [12], por lo que predicaba con el ejemplo.

Prueba del reconocimiento que se le dio fue que tardíamente fundó ciudades como San Diego, California y San Francisco, lo cual denota que hasta sus últimos días continúo laborando en su quehacer apasionadamente, lo cual fue más que suficiente para obtener resultados que perduran hasta nuestros días, pues como nos comenta Hegel aludiendo al hombre histórico "nada grande en este mundo se ha realizado sin pasión" [13].

108

Notas

1. Cassirer, E. "El mito del estado", México: Fondo de Cultura Económica, 1946, p.17
2. Florecillas. Vida de fray Junípero. Recuperado de http://www.franciscanos.org/florecillas/frayjunipero.htm
3. Florecillas, *op. cit.*
4. Cassirer, *op. cit.* p.252.
5. Cassirer, *op. cit.* p.253.
6. Carlyle, T. "Characteristics, Essays", III, 7 s.
7. Ídem.
8. Carlyle, T. "Sartor Resartus", libro, III, cap. III, p. 176.
9. Carlyle, *op. cit.* p.177.
10. Carlyle, T. "On héroes", VI, p.53.
11. Cassirer, E. "El mito del estado", México: Fondo de Cultura Económica, 1946, p. 25.
12. Fichte, Bestimmung des Menschen, "Samtliche Werke". Ed. de J.
13. Hegel, G.W.F. 1974b, p. 83.

Bibliografía

Cassirer, E. "El mito del estado", México: Fondo de Cultura Económica, 1946, p.17

Florecillas. Vida de fray Junípero. Recuperado de http://www.franciscanos.org/florecillas/frayjunipero.htm

Carlyle, T. "Characteristics", Essays: Scottish and Other Miscellanies, 1967.

La metáfora viral
en la literatura y
filosofía postmoderna

ADOLFO VÁSQUEZ ROCCA

1.

A partir del análisis de los problemas epistemológicos y estéticos que plantea el diseño de lo que se ha dado en llamar hipertexto [1] me aproximaré a las nuevas retóricas con que la postmodernidad crea y deconstruye sus objetos e instituciones. Aquí atenderé al proceso de descentramiento o dislocación que se produce al moverse por una red de textos, desplazando constantemente el centro, es decir con un centro de atención provisional, un conjunto de cuerpos de textos conectados, aunque sin eje primario de organización. Estas nuevas articulaciones discursivas, propias de la digitalización de la escritura, que se pueden recorrer en diversas direcciones no sólo sucesivas sino simultáneas, no admiten una sola categorización, sino las más variadas: antinovela, antipoesía, escritura automática, parodia literaria, reflexión filosófica, meditación esotérica, interpretación talmúdica. Cuestionando así las nociones tradicionales de narrativa, univocidad y linealidad vigentes desde los tipos móviles de Gutenberg.

2. William Burroughs

En el contexto de esta escritura laberíntica en la que corremos el riesgo del extravío del autor perdido en el texto o por los constantes y expansivos comentarios, estamos ante la idea del texto como tejido en perpetuo urdimiento, como un tejido que se hace, se traba a sí mismo y deshace al sujeto en su textura: una araña tal que se disolvería ella misma en las secreciones constructivas de su tela. En un sentido similar en la obra de William Burroughs el sujeto se encuentra manipulado y transformado por los procesos de contagio. El lenguaje es un virus que se reproduce con gran facilidad y condiciona cualquier actividad humana, dando cuenta de su intoxicada naturaleza.

Los textos de Burroughs proliferan sin principio ni fin como una plaga, se reproducen y alargan en sentidos imprevisibles, son el producto de una hibridación de muy diversos registros que no tienen nada que ver con una evolución literaria tradicional, sus diferentes elementos ignoran la progresión de la narración y aparecen a la deriva desestructurando las novelas de su marco temporal, de su coexistencia espacial, de su significado, y posibilitando que sea el lector quien acabe por estructurarlas según sus propios deseos.

3.

La idea de recorridos en zig-zag, de vagabundeos como articulación discursiva -hipertextual-, nos remite a la idea de construcción laberíntica. La metáfora del laberinto ilustra la experiencia de lectura en el hipertexto electrónico.

El laberinto es una figura profundamente barroca, es una de las imágenes del caos: tiene un orden, pero oculto y complejo. Está vinculado desde la perspectiva de la producción -o del diseño- a una complejidad inteligente y, desde la del usuario, al placer del extravío y al gusto por la argucia, por la agudeza para reencontrarse [2]. Curiosamente, el laberinto contemporáneo se muestra como una estructura que proporciona, sobretodo, el placer del enigma y del extravío, más que el placer de la salida o elucidación. Es posible suponer que esta característica de los laberintos de hoy obedece a un rechazo generalizado a la sistematicidad, actitud que se corresponde con un modo de pensar "nómade" afín a la asistematicidad del pensamiento postmoderno.

Los abordajes fragmentarios privilegian la forma sobre el contenido, una preeminencia de las disposiciones de búsqueda y de acceso múltiple a los temas, sobre la mera adquisición de determinados conocimientos [3].

Los mundos virtuales son laberintos más formales que materiales. Viven una extraña vida que depende de los diversos enlaces con los que están tejidos los modelos lógico-matemáticos, que dan nacimiento a seres casi autónomos, intermediarios [4], en constante epigénesis por nuestra interacción estructurante. En efecto, su "plano" se modifica sin cesar bajo el efecto de nuestras "trayectorias", sus estructuras se forman en función de nuestros desplazamientos.

En general, es necesario hablar no sólo de un gusto distinto al que otorga la seguridad de lo homogéneo e integral, sino de un placer por el trabajo sin control, vehiculado por la extensión de un nuevo tipo de tareas y prácticas que exigen la inmersión en pequeños bloques, zonas, áreas, sin visión panóptica. Es lo que he denominado obsesión por los fragmentos, propios de los nodos y enlaces digitales de las nuevas tecnologías, las que están cambiando el modo de pensar el lenguaje y sus aplicaciones, los textos. De este modo, el hipertexto aparece como un fetiche -objeto- neobarroco de la inquietante racionalidad postmoderna, en permanente desplazamiento.

Estos nuevos laberintos nos enfrentan a experiencias nuevas del espacio y a un nuevo género de paradojas. La metáfora del laberinto remite a la idea del desplazamiento. El laberinto es a la vez mapa y territorio. Posee ambas naturalezas que cruza y combina. Es un espacio intermediario, mediador, entre el plano y la trayectoria.

El laberinto ha de ser vencido, no solamente contemplado. No puede seguir siendo un simple objeto de saber, debe ser una verdadera prueba iniciática, es el lugar y ocasión de un paso -un pasadizo-.

Una nueva puesta en relación de las teorías hipertextuales -particularmente la metáfora del laberinto- con el cine de Ruiz, nos abre a la visión del autor como cartógrafo.

4.

La metáfora vira. Como he señalado el aparato lógico-retórico puede ser rearmado y asumir diversas maneras. Algo similar acontece en un sistema viral, apto para reproducir a cada instante una réplica de sí mismo. La idea ha sido sugerida, como se vio, por William Burroughs. De sus planteamientos puede desprenderse una zozobra ontológico-lingüística, la duda: ¿somos nosotros los que hacemos el lenguaje o el lenguaje a nosotros? El caso es que los virus, sean estos orgánicos o digitales (informáticos), ilustran de manera insuperable los caminos que escoge el universo para resumirse, en un ajuste de cuentas abstracto con los signos -y su vocación viral- que amenazan con un día detenernos para siempre en una confusión de lenguas: la dispersión en nuestra propia Babel, el extravío en nuestro laberinto recursivo.

El virus informático es el más curioso y paradójico síntoma de que la tecnología, al desbordar sus finalidades, provoca imprevisibles ironías. Ellos, remotos, numerosos, multidireccionables, anónimos, apostados esperando el sabotaje patológico: a fuerza de autorreproducción ciega, amenazan con llevar el sistema al estado de entropía máxima, muerte térmica de la programación, donde sólo habita el virus.

Al comparar los fenómenos orgánicos con los fenómenos reproductivos que acaecen en el mundo virtual, es indudable que podemos extraer lecciones profundas sobre la naturaleza de los procesos lógicos. Esto, por sus despliegues alambicados, por su autonomía y su narcótica autorreferencialidad y, sobretodo, por su hábil oportunismo.

Es posible que en algunos años las técnicas de escritura viral, ya hoy en un embrionario proceso invasivo, pasen a constituirse en los únicos medios de expresión, en el último balbuceo de un lenguaje infiltrado y parasitado, en el cierre definitivo del universo del discurso.

Notas

1. Vásquez Rocca: Artículo "El Hipertexto y las nuevas retóricas de la postmodernidad; textualidad, redes y discurso ex -céntrico", en Philosophica, Revista del Instituto de Filosofía de la Pontificia Universidad Católica de Valparaíso, Volumen 27, 2004.
2. Es interesante observar que el proceso de solución del enigma del laberinto sólo es posible actuando constantemente por transformación más que por estabilidad.
3. Verón, Eliseo, "Esto no es un libro", Barcelona: Gedisa, 1999, p. 137.
4. Quéau, Philippe, "Lo virtual, virtualidades y vértigos", Barcelona: Paidós, 1995, p. 87.

Bibliografía

Quéau, Philippe, "Lo virtual, virtualidades y vértigos", Barcelona: Paidós, 1995.

Vásquez Rocca, "El Hipertexto y las nuevas retóricas de la postmodernidad; textualidad, redes y discurso ex -céntrico", en PHILOSOPHICA, Revista del Instituto de Filosofía de la Pontificia Universidad Católica de Valparaíso, Volumen 27, 2004.

Verón, Eliseo, "Esto no es un libro", Barcelona: Gedisa, 1999.

El valor cognoscitivo de la ficción
Estética y Epistemología; de Duchamp a Feyerabend

ADOLFO VÁSQUEZ ROCCA

La relación interna entre filosofía y literatura permite examinar de cerca qué significan la pluralidad y complejidad en los usos de la razón. Y permite aproximarse a esos usos y figuras desde un ángulo privilegiado. Pues el interés por lo literario no tendría por qué significar un apresurado abandono del modelo de discurso racional -que es característico de la filosofía-, sino el acceso a un punto de vista más completo: un nuevo motivo reflexivo, otro límite crítico, mayor complejidad también. Digamos que esa perspectiva facilita la puesta al día de las tesis modernas sobre la filosofía como emancipación, como salida de una minoría de edad.

Espacios de reflexión, métodos y perspectivas constituyen los distintos niveles, a través de los cuales se trata de definir un nexo complejo entre discursos. La ficción como conocimiento, subjetividad y texto, así como la relación entre mundo y lenguaje pretenden acotar algunas dimensiones de esa relación.

A través de la literatura llegamos a estar familiarizados con situaciones, sentimientos, formas de vida, obteniendo así una mirada desde dentro -epistemológicamente empatica-. Cada nueva visión del mundo constituye un nuevo tipo de conocimiento, un conocimiento que puede incluir aspectos cognitivos y emotivos y que demandará, probablemente, algún tipo de lógica paraconsistente. En este sentido en la manera en que -como pioneros- creamos o descubrimos mundos (dependiendo del estatuto ontológico otorgado a la ficción) también establecemos o desentrañamos la legislación lógica, según la cual tal curso de sucesos o tal tipo de entidades son o no admisibles al interior de este particular mundo posible.

Hasta los mundos narrativos más imposibles tienen como fondo lo que es posible en el mundo que concebimos como real.

Las entidades y situaciones que no son explícitamente nombradas y descritas como diferentes del mundo real son entendidas a partir de las leyes que aplicamos a la comprensión del mundo real.

Así, pues, la narración de ficción construye un modelo análogo del universo real, lo que permite, como en todos los modelos, conocer la estructura y los procesos internos de la realidad y manipularla cognitivamente. Se otorga así un valor cognoscitivo a la ficción, de modo tal que todas las posibles connotaciones, no expresadas directamente por el texto, sino -más bien- mostradas implícitamente o implicadas contextualmente en lo dicho por el mismo, iluminan aspectos de la realidad que sin estas extrapolaciones ficcionales permanecería en penumbras.

La perspectiva crítica -propia de la filosofía- puede hallarse así implícita en escritos de ficción, de la misma manera como las teorías filosóficas pueden aceptar como suyos a los argumentos procedentes del discurso literario. La reflexión filosófica se articula, pues, desde distintos ámbitos y modalidades discursivas.

La verdad se entreteje en la ficción a través de la actividad mimética, en tanto la fábula da forma a componentes que son inmanentes al texto pero lo trascienden, como figuras de nuestras prácticas de vida que, a su vez, la lectura vuelve a trascender y transformar en el texto mismo y en el sí mismo del lector, que no suele ser inmune a este juego de verdades que circula libre y reguladamente en los viajes de la trama.

Los conceptos de la lógica modal son, pues, aplicables a la dinámica de los procesos de lectura, asimilando los mundos posibles a las inferencias y proyecciones construidas por los lectores cuando se mueven a través del texto. Estos mundos posibles pueden actualizarse, o pueden permanecer en un estado virtual, dependiendo de si el texto verifica, refuta, o deja indecisa la racionalización del lector hacia los eventos narrativos.

En todo trabajo de ficción se da por sentado que aquello que es el caso, es recentrado en torno a las estipulaciones que el narrador hace del mundo real. Este proceso de recentramiento instala al lector adentro de un nuevo sistema de realidad y posibilidad. Como un viajero a este mundo, el lector de ficción descubre no sólo un nuevo mundo real, sino también una variedad de 'mundos posibles' que giran alrededor de él. Así como nosotros manipulamos los mundos posibles a través de los funcionamientos mentales, así hacen los habitantes de los universos de ficción: su mundo real se refleja en su conocimiento y creencias, corregidas en sus deseos, reemplazados por una nueva realidad en sus sueños y alucinaciones. A través del pensamiento contra-factual reflejan cómo las cosas podrían haber sido; a través de los planes y proyecciones contemplan cosas que todavía tienen una oportunidad de ser; y a través del acto de constituir las historias de ficción recentran su universo en lo que es para ellos un segundo-orden de realidad, y para nosotros un sistema del tercer-orden.

Para entender esta organización de substancia semántica (de ficción o no) en un mundo real rodeado por los satélites de 'mundos posibles', algunos autores [1] proponen el término de "universo textual" para referirse a lo que se conjura por el texto. Lo que se ha llamado "mundo de ficción" puede parafrasearse ahora como el mundo real del universo textual proyectado por el texto de ficción.

Tampoco debe resultar extraño que se acuda a la literatura o a la ficción, allí se acota un problema y se llena el vacío de las reflexiones descontextualizadas. Se busca que la descripción ya no de formulaciones abstractas y vacías, sino de experiencias humanas concretas, -como el dolor o la traición- al ser compartidas genere la necesaria empatía desde la cual se geste la solidaridad y la compasión.

Rorty [2], por ejemplo, critica el enorme grado de abstracción que el cristianismo ha trasladado al universalismo ético secular. Para Kant, no debemos sentirnos obligados hacia alguien porque es milanés o norteamericano, sino porque es un ser racional. Rorty critica esta actitud universalista tanto en su versión secular como en su versión religiosa. Para Rorty existe un progreso moral, y ese progreso se orienta en realidad en dirección de una mayor solidaridad humana.

Para él la solidaridad humana no consiste en el reconocimiento de un yo nuclear -la esencia humana- en todos los seres humanos. Se la concibe como la capacidad de percibir cada vez con mayor claridad que las diferencias tradicionales (de tribu, de raza, de costumbres) carecen de importancia cuando se las compara con las similitudes referentes al dolor y la humillación.

De aquí que las principales contribuciones del intelectual moderno al progreso moral son las descripciones detalladas de variedades de dolor y humillación (contenidos en novelas e informes etnográficos), más que los tratados filosóficos y religiosos. Piénsese, por ejemplo, en 1984 la novela de Orwell, de la que Rorty realiza un prolijo análisis [3].

La concepción que presenta Rorty sustenta que existe un progreso moral, y que ese progreso se orienta en realidad en dirección de una mayor solidaridad humana.

Rorty piensa que para ese progreso moral es más útil pensar desde una moral etnocéntrica, pragmática y sentimental, que desde una moral universalista, abstracta y racionalista, como la de Kant.

En definitiva, más educación sentimental y menos abstracción Moral y teorías de la naturaleza humana. Educación sentimental y moral a través del desarrollo de la sensibilidad artística. Debemos prescribir novelas o filmes que promuevan la ampliación del campo de experiencias del lector, más aun cuando el lector es un político, un economista, un trabajador social, un empresario, un dictador, o, más aún, cuando se trate de un niño que tenga, como tal, la posibilidad de convertirse en cualquiera de estos tipos humanos reconocibles.

Si Hitler, por ejemplo, no hubiese sido rechazado en la Escuela de Bellas Artes cuando alrededor de los 17 años postuló a lo que era su única vocación, la pintura, sus actividades creativas no habrían sido sustituidas por el dibujo del horror, de los campos de concentración con su violencia voraz.

La experiencia estética como simulación gnoseológica

Continuando con el análisis de las relaciones entre ficción y conocimiento es imposible omitir la experimentación plástica llevada a cabo por Duchamp a través de sus ready made, en particular por la fabricación de sus "Tres zurcidos-patrón", un conjunto de tres hilos de menos de un metro fijados sobre bandas de tela pegadas sobre vidrio, y acompañadas de sus tres reglas para trazar. "Los 3 zurcidos - patrón" -observa Duchamp [4]-"son el metro disminuido". El conjunto se inscribe en el "género" de una matemática ficticia, de una física de lo imaginario que, sin embargo, reclama los mismos títulos de rigor y exigencia que sirven de fundamento a la matemática occidental. Por ello, y lo mismo que el patrón de medida "universal" de metro, los Tres zurcidos, patrón de Duchamp se guardan en un estuche especial, destinado a evitar su dilatación o contracción por efectos de la temperatura o cualquier otra posible perturbación ocasionada por factores externos.

Ahora bien, lo decididamente subversivo en la actitud de Duchamp se cifra ante todo, en el proceso mediante el cual se establecen esas unidades imaginarias de medida- "zurcidos", de un universo roto…-, dependiente enteramente del azar. En el primer conjunto de escritos en que fija los fundamentos conceptúales de sus experiencias plásticas, en la *Caja* de 1914, Duchamp formula el principio que inspira la génesis de los *Tres zurcidos-patrón* a partir de una pregunta abierta en tiempo condicional: "si un hilo recto horizontal de un metro de longitud cae desde un metro de altura sobre un plano horizontal deformándose a su aire y da una nueva figura de la unidad de longitud…" La realización de la experiencia, que para Duchamp entraña "la idea de la fabricación", da como resultado el establecimiento de esas tres unidades enteramente occidentales de medida.

Se adoptan el rigor y la precisión máximas, característicos del pensamiento matemático, pero conjugados con la voluntad indeterminada del azar. Es como un juego: el máximo rigor, la "regla del juego", sobre un fundamento convencional y gratuito, y de cuya conjugación extraemos conocimiento y placer. Con este simulacro Duchamp modela una contrafigura irónica de la solemnidad y pretensión de absoluto de la ciencia occidental. Lo provocativo de este "gesto" estético tiene sus raíces en lo que supone de impugnación del supuesto valor universal y absoluto del pensamiento occidental. Como los zurcidos-patrón, nuestra ciencia es el resultado de un proceso de fabricación intelectual, y la validez de sus reglas una consecuencia de la aceptación de determinados presupuestos y convenciones, esto es, de peticiones de principio, asentimientos que hacemos sobre la base de la buena fe o simplemente de las ganas.

La impugnación irónica de la reducción positivista del conocimiento a mera razón instrumental, sirve ahora como trasfondo de la fundamentación del alcance intelectual del arte o de lo que he llamado razón estética.

La obra de Duchamp nos muestra, en definitiva, tanto en una vertiente plástica como conceptual, las infinitas posibilidades de "lectura de lo real". En Duchamp encontramos el centro de gravedad de una concepción de las operaciones mentales y artísticas abierta a una lectura de lo real como diverso y plural, a una consideración flexible y distendida de la normatividad del mundo.

Nos encontramos así ante una operación de desmantelamiento epistemológico. El dispositivo opera sobre el pretendido rigor y objetividad de las ciencias duras. Sin duda, una audaz maniobra subversiva, tan propia de las vanguardias de los años '20, las que superan con mucho -en su carácter corrosivo- a sus pálidos remedos postmodernos.

La trans-vanguardia ya no es básicamente ruptura. Es academia y museo, se ha convertido en nuestra "tradición": en la tradición artística de la contemporaneidad. Desde los medios de comunicación de masas y las instituciones de cultura, públicas o privadas, el horizonte estético de la vanguardia se transmite ya como clasicismo de la contemporaneidad [5].

Reconstitución de escena. Epistemología y estética.
La imaginación que circunda el mundo.

Para situarnos en una perspectiva que nos permita abordar estas cuestiones -que nos obligan a salir de los paradigmas de la racionalidad tradicional es fundamental traer a cuenta las ideas de uno de los epistemólogos más imaginativos que dio el siglo recién pasado.

Me refiero, sin duda, a Paul Feyerabend, particularmente a lo expuesto en su *Tratado contra el método* -esquema de una teoría 'anarquista' del conocimiento- donde nos señala que "al tratar de resolver un problema, los científicos utilizan indistintamente un procedimiento u otro: adaptan sus métodos y modelos al problema en cuestión, en lugar de considerarlos como condiciones rígidamente establecidas para cada solución. No hay una "racionalidad científica" que pueda considerarse como una guía -universal- para cada investigación; pero, y esto es lo que hay que considerar, hay normas obtenidas de experiencias anteriores, sugerencias heurísticas, concepciones del mundo, disparates metafísicos, restos de teorías abandonadas y de todo ello hará uso el científico en su investigación.

Aquí se observa la fundamental importancia de la plasticidad intelectual, pues es sólo intuitivamente que en cuestiones de diversa naturaleza podrá determinarse qué criterio seguir en cada caso para preferir un método a otro. De lo anterior se desprende, lo que constituye el eje de esta tesis, que la ciencia se encuentra mucho más cerca de las artes de lo que se afirma en nuestras teorías del conocimiento favoritas [6].

La epistemología de Feyerabend desplaza la atención centrada en la dimensión racional de la ciencia para enfocarla en el contexto histórico y sociocultural. Su trabajo da -a veces- la impresión de un análisis ejecutado por un etnógrafo que se afana en comprender los elementos simbólicos y -en general- la forma de vida que han desarrollado los nativos del mundo occidental en la estructuración de una peculiar cosmovisión.

El punto es relevante porque, a raíz de los errores epistemológicos, se comienza a reparar en que estamos insertos en un paradigma y sólo entonces empezamos a cuestionar los supuestos en que descansa aquel; sólo cuando nuestras teorías fallan nos encontramos -de golpe- con "la realidad" con los hechos brutos (y nada más porfiado que los hechos), y aquí mientras el paradigma se desenvuelve normalmente, sin chocar con errores de importancia, los sujetos vivimos en él a-críticamente, experimentándolo como si fuera parte de nuestra realidad; no obstante, detectar algunos errores graves no implica que el paradigma se resigne a desaparecer, lo más probable es que surjan justificaciones ad hoc que expliquen la posibilidad del error o el error mismo y, todavía, se puede argumentar que el error en cuestión es un problema periférico.

Feyerabend se opone a la idea de que existan estándares invariables de racionalidad en cualquier campo, incluido el de la ciencia. No existen, según él, principios universales de racionalidad científica; el crecimiento del conocimiento es siempre peculiar y diferente y no sigue un camino prefijado o determinado. Feyerabend defiende firmemente el valor de la inconsistencia y la anarquía en la ciencia, de las cuales -afirma- ha derivado la ciencia todas sus características positivas, y sostiene que una combinación de crítica y tolerancia de las inconsistencias y anomalías, a la vez que absoluta libertad, son los mejores ingredientes de una ciencia productiva y creativa. En este sentido apunta Einstein cuando sostiene que en ciencias "la imaginación es más importante que el conocimiento". "Soy lo suficientemente artista como para dibujar libremente sobre mi imaginación. La imaginación es más importante que el conocimiento. El conocimiento es limitado. La imaginación circunda el mundo" [7].

Respecto a la tesis según la cual no existen principios universales de racionalidad científica resulta también particularmente interesante referir la forma en que Popper comenzaba su clase. Lo hacía con una frase que se hizo célebre: "Soy profesor de método científico, pero tengo un problema: el método científico no existe" [8].

La idea de que el conocimiento humano siempre es susceptible

de error, de suerte que no es posible (ni necesario) establecer con absoluta certeza su verdad. Las teorías del conocimiento de Peirce y de Popper son los referentes inmediatos de esta noción. El falibilismo es una de las corrientes de pensamiento que no descubre en la imposibilidad de la justificación absoluta de nuestras creencias un factor de escepticismo y de desánimo, sino que intenta mostrar que tal exigencia de fundamentación completa es desorientadora, en la medida en que plantea una reivindicación epistemológica que no sólo es imposible de satisfacer, sino que, más importante todavía, no es necesaria. El edificio del conocimiento ni posee cimientos últimos ni los necesita.

El escepticismo es hermano gemelo del justificacionismo radical, en la medida en que ambos planteamientos conceden una gran importancia filosófica a la idea de fundamentar apodícticamente la compleja red del conocimiento. El escepticismo sólo tiene sentido si la idea de fundamentación última es considerada epistemológicamente imprescindible; una vez que tal idea pierde su capacidad de hechizar la conciencia del epistemólogo, toda argumentación escéptica puede ser desechada sin menoscabo de rigor teórico [9].

Las ideas de Feyerabend contra "el" método son de un claro talante wittgensteiniano. Personalmente, durante una importante etapa de mi trabajo intelectual, me he ocupado de la concepción wittgensteiniana de la filosofía, en particular de lo que podría denominarse la función terapéutica de la filosofía [10].

Para Wittgenstein, como es sabido, "el tratamiento filosófico de una cuestión es como el tratamiento de una enfermedad" [11]. Por ello señala que sus *Investigaciones Filosóficas* deben ser leídas y entendidas como un "libro de historiales clínicos de tratamientos filosóficos" [12]. En filosofía no podemos eliminar una enfermedad de pensamiento. Debe seguir su curso natural, y "la cura lenta es de máxima importancia" [13]. Los problemas filosóficos no son, por supuesto, problemas psicológicos.

Si hablamos de problemas nos referimos a "tratamiento filosófico". Y al igual que no existe una terapia apropiada para todas las enfermedades mentales, "no existe un método filosófico, sino varios métodos, al igual que existen diferentes terapias" [14]. Qué terapia usar dependerá de la enfermedad y de la persona que la sufra -al respecto me arriesgaría a decir también que no existen enfermedades sino enfermos- [15]. No hay, pues, un método universalmente válido. Sin embargo, como en psicoterapia, el primer paso consiste en "buscar la fuente de extrañamiento filosófico", "investigar el origen del enredo" [16], buscar la razón de la perplejidad. Como toda terapia, la terapia filosófica de Wittgenstein tiene por fin eliminar una enfermedad, ayudar a aquellos que están obsesionados por los problemas filosóficos a que alcancen completa claridad, de forma que ya no estén atormentados por aquellos problemas. "El auténtico descubrimiento es aquel que me hace capaz de dejar de filosofar cuando quiero, aquel que da paz a la filosofía, de manera que ya no nos vemos atormentados por cuestiones que ponen de nuevo en entredicho a la filosofía misma" [17]. En cierto modo, se encuentra exactamente igual que cuando empezó, ya que la filosofía "deja todo tal como está" [18]. La filosofía, sin embargo, no es nunca trivial o insignificante, al igual que el tratamiento psicoanalítico no debe juzgarse trivial por el hecho de que simplemente reestablece la salud mental.

La ciencia es una empresa esencialmente anarquista e imaginativa; el anarquismo teórico es más humanista y más adecuado para estimular el progreso que sus alternativas basadas en el rígido orden racional. Es aquí donde volvemos a reivindicar el rol de lo ficcional, al modo como Popper se refería a las "conjeturas". La historia, se sabrá, está repleta de accidentes y coyunturas, y curiosas yuxtaposiciones de eventos. Esto nos demuestra la "complejidad del cambio humano y el carácter impredecible de las últimas consecuencias de cualquier acto o decisión [de los hombres].

Queda claro, entonces, que la idea de un método fijo, o de una teoría fija de la racionalidad, descansa en una imagen demasiado simple del hombre y sus circunstancias sociales. Para aquellos que contemplan el rico material proporcionado por la historia y que no intentan empobrecerlo para satisfacer sus instintos -de reaseguración- más bajos o sus deseos de seguridad intelectual en forma de claridad, precisión, "objetividad" o "verdad", estará claro que sólo hay un principio que puede defenderse en todas las circunstancias y en todas las etapas del desarrollo humano. Este principio es: todo sirve.

La ciencia no presenta una estructura, queriendo decir con ello que no existen unos elementos que se presenten en cada desarrollo científico, contribuyan a su éxito y no desempeñan una función similar en otros sistemas. Al tratar de resolver un problema, los científicos utilizan indistintamente un procedimiento u otro: adaptan sus métodos y modelos al problema en cuestión, en vez de considerarlos como condiciones rígidamente establecidas para cada solución. No hay una 'racionalidad científica' que pueda considerarse como guía para cada investigación; pero hay normas obtenidas de experiencias anteriores, de algunas teorías en desuso, y de todos ellos hará uso el científico en su investigación.

"La historia de la ciencia, después de todo, no consta de hechos y de conclusiones derivadas de hechos. Contiene también ideas, interpretaciones de hechos, problemas creados por interpretaciones conflictivas, errores, etc. [19]." En un análisis más minucioso se descubre que la ciencia no conoce "hechos desnudos" en absoluto, sino que los hechos que registra nuestro conocimiento están ya interpretados de alguna forma y son, por tanto, esencialmente teóricos. Siendo esto así, la historia de la ciencia será tan compleja, caótica, llena de errores y divertida como las mentes de quienes las han inventado.

A continuación, Feyerabend procede a señalar que el principio enunciado aconseja ir en contra de las reglas; por ejemplo, ante los empiristas que creen en la inducción (los científicos que consideran que son los hechos experimentales los que deciden si sus teorías son correctas o incorrectas) debe procederse en forma contraintuitiva, o sea que deben construirse hipótesis que contradigan de manera flagrante y abierta las teorías más aceptadas y confirmadas, o que se opongan a los hechos más contundentes.

Sólo así se logrará mantener la frescura y el avance de la ciencia. Consciente de que sus críticos reaccionarían señalando que esto simplemente es la proposición de otra metodología más, Feyerabend señala: "Mi intención no es reemplazar un juego de reglas generales por otro; más bien mi intención es convencer al lector de que todas las metodologías, incluyendo a las más obvias, tienen sus límites". La mejor manera de mostrar esto es demostrar no sólo los límites sino hasta la irracionalidad de algunas reglas que él o ella (los empiristas) posiblemente consideran como básicas. Recuérdese siempre que las demostraciones y la retórica utilizadas no expresan alguna "convicción profunda" mía. Simplemente muestran lo fácil que es convencer a la gente de manera racional. Un anarquista es como un agente secreto que le hace el juego a la razón para debilitar su autoridad (y la de la verdad, la honestidad, la justicia, y así sucesivamente).

En sus artículos en contra del empiricismo, Feyerabend nos muestra cómo este principio de amplia permisibilidad "ha operado y puede operar de forma creativa en la ciencia". Por ejemplo, es posible iniciar el trabajo científico formulando hipótesis que contradigan teorías sólidamente confirmadas o resultados experimentales corroborados hasta ese momento. Nada perdemos si partimos de esta forma en el trabajo científico en términos de metodología y, sin embargo, podemos ganar una nueva perspectiva que la teoría dominante no permitía considerar debido al requisito de consistencia entre hipótesis y teoría.

Este requisito, nos dice Feyerabend, impide el progreso científico porque busca esencialmente la preservación de la teoría dominante, y no la mejor teoría o la más útil. La formulación de hipótesis que contradigan una teoría confirmada, nos proporciona pruebas que no pueden ser obtenidas de otra forma. Por otra parte, la proliferación de teorías o "pluralismo teórico", otra de las características esenciales de su posición filosófica, es benéfica para la ciencia, mientras que la uniformidad teórica favorece el dogmatismo e inutiliza el poder crítico de los científicos.

Debe mencionarse que Feyerabend discute este mismo punto con su dialéctica corrosiva, preguntándose en forma retórica: "¿qué hay de malo con las incongruencias?" [Strawson-también se pregunta ¿qué hay de moralmente malo en contradecirse?] [20] Y procediendo a rechazar el argumento de que la consecuencia de aceptar incongruencias sea el caos irracional, argumentando que en la ciencia algunas teorías incongruentes han contribuido al progreso. Sin embargo, este hecho no basta para abandonar el principio lógico de la no contradicción, ya que las teorías incongruentes que han contribuido al progreso de la ciencia lo han hecho gracias a que nuevos hechos las transformaron en congruentes. En ninguno de sus escritos extiende Feyerabend su irracionalismo, postulado como un elemento constante para la ciencia, a la propia naturaleza; su pleito no es con la realidad externa, ni con los que pretendemos estudiarla y conocerla, los seres humanos que ejercemos la profesión de científicos, sino con los instrumentos lógicos que pretendemos usar para cumplir con nuestros objetivos.

La epistemología de Feyerabend desplaza la atención centrada en la dimensión racional de la ciencia para enfocarla en el contexto histórico y sociocultural. Su trabajo da -a veces - la impresión de un análisis ejecutado por un etnógrafo que se afana en comprender los elementos simbólicos y -en general - la forma de vida que han desarrollado los nativos del mundo occidental en la estructuración de una peculiar cosmovisión.

En una perspectiva pragmatista la realidad de la ficción, su significatividad, estriba en las efectivas regularidades empíricas con las que las creaciones humanas, entre ellas los textos literarios, se asocian. La verdadera realidad es, pues, el campo de proyección de la experiencia que los miembros de la sociedad comparten mediante sus actividades comunicativas, entre las que la literatura, cuya materia prima son las palabras, funciona hoy como factor primordial. El análisis de la ficción y de la libre actividad espontánea de la razón humana ilumina el estatuto de la creatividad. La actividad de la razón es crecimiento y en ese crecimiento tiene un papel central la imaginación. "Cada símbolo es una cosa viva, en un sentido muy estricto y no como mera metáfora. El cuerpo del símbolo cambia lentamente, pero su significado crece de modo inevitable, incorporando nuevos elementos y desechando otros viejos" [21].

La ficción escapa al sistema enunciativo de los enunciados de realidad. El yo-origen real desaparece y lo que emerge es un mundo con un yo-origen ficcional, es decir, el de los personajes y el de la narración misma, que no son propiamente objetos de aquel origen enunciativo de autor, sino sujetos propiamente dotados de capacidad productora. Así, pues, existe una indiscutible solidaridad entre el esquema discursivo de las formas de la representación y la "creación de mundo" e imagen de la vida y que la ficción implica. Según L. Dolezel, los mundos ficcionales no pueden ser sin más mundos posibles metafísicos, y es que se desarrolla un modelo de mundo posible que está capacitado para explicar las "particularidades ficcionales".

La experiencia temporal se resiste a ser compartimentada, desglosada, a pesar de ser un componente fundacional en cualquier relato. Emparentada también con aspectos pragmáticos e incluso vitales de experiencia del mundo, su radical planteamiento determina que sea un problema que la semiótica o la narratología intentan clasificar según criterios codificadores. El problema de la dimensión temporal no deja de ser también, en cuanto que plantea cuestiones inherentes al ámbito discursivo y a la constitución del sujeto, un aspecto clave de la formación del relato con el emplazamiento del hombre como elemento cultural.

Notas

1. Ryan, Marie-Laure, "Los Mundos Posibles, Inteligencia Artificial y Teoría de la Narrativa", Madrid: Anagrama, 1991.
2. Rorty, Richard, "Contingencia, ironía y Solidaridad", Barcelona: Paidós, 1996.
3. Ídem.
4. Duchamp, Marcel, Duchamp du Signe. Écrits, éditès par M. Sanouillet, avec la collab. D'Elmer Peterson; Flammarion, París. Tr. Cast. de J. Elias y C. Hesse, rev. bibl. Por J.Rmanguera; Barcelona: Gustavo Gili, 1978.
5. Jiménez, José, "La vida como azar; complejidad de lo moderno", Madrid: Mondadori, 1989, p.139.
6. Feyerabend, Paul, "Tratado contra el método; Esquema de una teoría anarquista del conocimiento", Madrid: Tecnos, 2000, p. 89.
7. "La vida según Einstein": Una entrevista de George Sylvester Viereck. 26 de Octubre de 1929. Saturday Evening Post.
8. Feyerabend, Paul, "Matando el Tiempo; autobiografía", Madrid: Debate, 1995.
9. Cualquier forma de escepticismo que pretenda apoyarse en la ausencia de creencias infalibles yerra de lleno en el blanco. La noción de fundamento, asociada a algún tipo de garantía metafísica en relación con el conocimiento, es un espejismo que ignora la dinámica real de las creencias y los fines de su formación y su evaluación por parte del sujeto.
10. Ver *El Concepto de filosofía en Wittgenstein*; cap. 6 La función terapéutica de la filosofía, mi Tesis de Licenciatura, Instituto de Filosofía U C V., bajo la dirección del profesor Mirko Skarica Z.
11. Wittgenstein, Ludwig, "Investigaciones Filosóficas", Barcelona: Editorial Crítica, 1992, p. 255.
12. Ídem.
13. Wittgenstein, *op. cit.,* p. 382.
14. Wittgenstein, *op. cit.,* p. 133.
15. Lo que sin duda sería bastante fiel a la reconversión de la mirada epistemológica puesta en marcha por Feyerabend.
16. Wittgenstein, *op. cit.,* p. 133.
17. Ídem.
18. Ídem.
19. Feyerabend, *op. cit.,* p. 3.
20. Strawson, P. F., "Introducción a una Teoría de la Lógica", Buenos Aires: Nova, 1969, p. 3.
21. Sarmiento Vazquez, C., "Realidad y ficción en la novela: la ficcionalidad", en "Revista de estudios interdisciplinares y transdisciplinares" del Foro universitario de "Realidad y ficción" ISSN: 1698 - 2169, N° 1, versión electrónica, Granada, 2004.

Bibliografía

Duchamp, Marcel, Duchamp du Signe. Écrits, éditès par M. Sanouillet, avec la collab. D'Elmer Peterson; Flammarion, París. Tr. Cast. de J. Elias y C. Hesse, rev. bibl. Por J.Rmanguera; Barcelona: Gustavo Gili, 1978.

Feyerabend, Paul, "Tratado contra el método; Esquema de una teoría anarquista del conocimiento", Madrid: Tecnos, 2000.

_____, "Matando el Tiempo; autobiografía", Madrid: Debate, 1995.

Jiménez, José, "La vida como azar; complejidad de lo moderno", Madrid: Mondadori, 1989.

Rorty, Richard, "Contingencia, ironía y Solidaridad", Barcelona: Paidós, 1996.

Ryan, Marie-Laure, "Los Mundos Posibles, Inteligencia Artificial y Teoría de la Narrativa", Madrid: Anagrama, 1991.

Sarmiento Vazquez, C., "Realidad y ficción en la novela: la ficcionalidad", en "Revista de estudios interdisciplinares y transdisciplinares" del Foro universitario de "Realidad y ficción" ISSN: 1698 - 2169, N° 1, versión electrónica, Granada, 2004.

Strawson, P. F., "Introducción a una Teoría de la Lógica", Buenos Aires: Nova, 1969.

Wittgenstein, Ludwig, "Investigaciones Filosóficas", Barcelona: Editorial Crítica, 1992.

Espacio e identidad: arquitectura de la memoria.
Descriptores: Hölderlin, Trakl y Teillier.

ADOLFO VÁSQUEZ ROCCA

Cuando todos se vayan
Cuando todos se vayan a otros planetas
yo quedaré en la ciudad abandonada
bebiendo un último vaso de cerveza,
y luego volveré al pueblo donde siempre regreso
como el borracho a la taberna
y el niño a cabalgar
en el balancín roto.
Y en el pueblo no tendré nada que hacer,
sino echarme luciérnagas a los bolsillos

Espacio e Identidad

o caminar a orillas de rieles oxidados
o sentarme en el roído mostrador de un almacén
para hablar con antiguos compañeros de escuela.
Como una araña que recorre
los mismos hilos de su red
caminaré sin prisa por las calles
invadidas de malezas
mirando los palomares
que se vienen abajo,
hasta llegar a mi casa
donde me encerraré a escuchar
discos de un cantante de 1930
sin cuidarme jamás de mirar
los caminos infinitos
trazados por los cohetes en el espacio.
J. Teillier [1].

La poesía como nostalgia

Georg Trakl, considerado, junto a Rilke, como el máximo poeta lírico del siglo XX en lengua alemana, nace en Salzburgo el 3 de febrero de 1887 (muere en 1914) en lo que entonces era el Imperio Austro-Húngaro. Desde niño asimila el mundo de los simbolistas franceses a través de las lecturas de poemas traducidos de Baudelaire, Verlaine y Rimbaud. A los 18 años de edad da a conocer sus primeros poemas bajo la influencia de Lenau, Hofmannsthal y Baudelaire, de quien interioriza sus imágenes poéticas y de Verlaine asimila ritmos y silencios. Su poesía ha sido considerada como el más conmovedor de los lamentos ante un mundo imperfecto.

Su estilo es abrupto y violento y su obra poética es breve, pero de una rara densidad, en ella une la nostalgia de la ternura y el presentimiento del fin del mundo occidental.

En relación a Trakl, Jorge Teillier [2] manifiesta en un ensayo que su poesía alude profusamente a la melancólica casa de sus antepasados; a su ciudad natal, que con el paisaje de la comarca están presentes en casi todo sus poemas. Allí aparece un mundo de nostalgia y decadencia, propio de una ciudad que durante la Edad Media había tenido un gran esplendor, y que vivía de un pasado irrecuperable. Por oposición a la ciudad, se vuelve Trakl a la naturaleza, a la que ve exenta de la culpa de la caída.

Así, la ciudad de Trakl es la imagen de decadencia del mundo occidental que está relacionado con la figura poética del forastero, el solitario, el apátrida, cuya culpa radica sólo en el hecho, por lo demás inevitable, de existir en este mundo donde sólo existen exiliados.

Martin Heidegger; *Interpretaciones de la poesía de Hölderlin.*

En 1953, en su estudio "Georg Trakl", Martin Heidegger lo llama "poeta del occidente aún oculto, de una nueva generación renegada que sucederá a la actual" [3] considerándolo el sucesor de Hölderlin. La interpretación heideggeriana de la poesía de Trakl ha suscitado muchas discusiones, pero no más que las generadas por otras interpretaciones o lecturas de su obra. A este desconcierto ha contribuido la ambigüedad de su poesía, sus neorrománticas y polisémicas imágenes, su visión del capitalismo en decadencia.

En la obra de Heidegger, precisamente como en la de Trakl, se está constantemente buscando retornar al origen, ya sea por el camino hermenéutico, ya por las señales de ruta dejadas en el devenir etimológico de las palabras o mediante la reconstrucción de sentidos primigenios a través de ejemplos tomados de una vida de aldea, en la cual se puede percibir una gran nostalgia, la misma que él -Heidegger- reconoce en la poesía de Trakl [4]. Una nostalgia por aquel mundo del orden inmemorial de las aldeas y de los campos, en donde siempre se produce la misma segura rotación de las siembras y las cosechas, de sepultación y resurrección, tan similares a la gestación de los dioses propios de la poesía de Hölderlin. En las obras de Heidegger vemos las cosas dotadas de vida, las cosas vividas, el trato con las cosas cotidianas, con las cosas admitidas en nuestra confianza, esto es lo que Heidegger entenderá como el ser de lo útil.

Heidegger alude, a través de la imagen de la casa, al sentido espiritual del hogar como espacio en el que se produce la unidad espiritual de los seres humanos con las cosas. Es así como Heidegger realiza una lírica descripción de su hogar ideal, una granja, en la Selva Negra:

"Lo que ordena aquí la casa es la autosuficiencia que permite al cielo y la tierra, a los dioses y a los mortales formar una única unidad con las cosas. Es eso lo que sitúa la granja mirando al sur, en la ladera de la montaña protegida por los vientos, entre los prados cercanos al manantial, y la dota de un tejado con ancho voladizo de guijarros, cuya característica pendiente no sólo aguanta el peso de la nieve, sino que desciende hasta abajo para resguardar las habitaciones de las tormentas durante las largas noches invernales. No olvida el altar en un rincón, detrás de la mesa comunitaria, y halla sitio en la habitación para el sagrado lugar del parto y para el 'árbol de los muertos' -pues así llaman aquí al ataúd-, y de ese modo determina para las distintas generaciones que conviven bajo el mismo techo, el carácter de su viaje a través del tiempo. La habitabilidad artesana, surgida ella misma de la morada, que aún emplea sus herramientas y sus estructuras como si fueran cosas, edifica la casa de labor" [5].

Heidegger, en este texto, vuelve la mirada a un idílico estado preindustrial, mirada que se corresponde con la sensibilidad neorromántica de los poetas láricos como Trakl o Teillier, quienes están constantemente intentando regresar a la aldea -al pueblo natal- como muestra de rechazo (velado o inconsciente) de la ciudad moderna, creando un mundo imaginario en el cual declaran verdaderamente habitar, y en donde se da el verdadero arraigo, la vuelta al mundo de la infancia y la confianza en la memoria y la leyenda.

La vivienda y el hogar, son elementos decisivos que permiten al hombre desarrollar un sentido de su propio yo, en tanto que perteneciente a un lugar determinado:

"Todo espacio realmente habitado contiene la esencia del concepto de hogar, porque allí se unen la memoria y la imaginación, para intensificarse mutuamente. En el terreno de los valores forman una comunidad de memoria e imagen, de tal modo que la casa no sólo se experimenta a diario, al hilvanar una narración o al contar nuestra propia historia, sino que, a través de los sueños, los lugares que habitamos impregnan y conservan los tesoros del pasado. Así pues la casa representa una de las principales formas de integración de los pensamientos, los recuerdos y los sueños de la humanidad. Sin ella, el hombre sería un ser disperso" [6].

Aquí podemos notar el paralelismo entre la casa y el cuerpo como depósito de memoria. No sólo los recuerdos, también las cosas que hemos olvidado están 'almacenadas'. El alma es una morada. Recordando las casas y las habitaciones aprendemos a mirar dentro de nosotros mismos.

Estas descripciones de carácter lírico conceden a la casa la connotación espiritual de refugio y seguridad, por contraste con un vivir expuesto que sería propio de la existencia a la intemperie, finalmente, también la casa es el lugar del goce y del acopio de recuerdos, que forjan una identidad y permiten reconocerse en una radical intimidad como siendo igual a sí mismo. Las imágenes de la casa están en nosotros porque nosotros estamos en ellas.

En un sentido práctico, puedo comportarme humanamente hacia un objeto sólo en tanto el objeto se comporta de manera humana hacia mí. El objeto es significativo en la medida en que es rico en historia y en asociaciones imaginarias y reales.

El habitar poético del hombre en el mundo.

Ahora bien, la casa, pues, es una extensión de la persona, una especie de segunda piel, un abrigo o caparazón, que exhibe y despliega tanto como esconde y protege. Casa, cuerpo y mente se encuentran en una continua interacción; la estructura física, el mobiliario, las convenciones sociales y las imágenes de la casa permiten, moldean, informan y reprimen, al mismo tiempo, las actividades y las ideas que se desarrollan dentro de sus paredes, un entorno creado y decorado como escenario de la habitabilidad. La casa y la habitación se convierten así en un agente de pensamiento y en un primer agente socializador, que moldea el carácter de los hijos, a partir de as primeras impresiones de la mirada. Al moverse en un espacio ordenado -diseñado-, el cuerpo "interpreta" la casa, que representa la memoria para una persona.

Con las costumbres y la habitación, cada cual construye un dominio práctico de los esquemas fundamentales de su forma de vida. "No habitamos porque hemos construido, sino que construimos y hemos construido en la medida que habitamos, es decir, en cuanto que somos los que habitan" [7]. Construir es producir cosas que, al erigirlas, disponen un lugar y otorgan un espacio -pletórico de sentido- que se abre a la vez al habitar. "La esencia del construir es el dejar habitar" [8]. La construcción debe respetar el lugar, el mundo, la tierra donde nuestra determinada forma de pensar tiene sentido, y esto es una apuesta por lo diferente frente a la uniformidad (igualitarismo) y el estilo arquitectónico ramplonamente homogéneo contemporáneo a Heidegger y -que duda cabe- también a nosotros.

Lo que hemos intentado aquí es mostrar cómo el habitar y el construir están estrechamente vinculados con el pensar. Porque, al igual que el pensar, el construir le da apertura al ser, crea un mundo, un espacio habitable, y es en el propio habitar donde se percibe el sentido de este espacio y el pensar acoge e instala al ser.

A este respecto cabe señalar que el devenir-templo de la casa es, en sí mismo, obra del proceso postmoderno de secularización, que se corresponde con la elaboración de "ritos laicos" de carácter doméstico (como la contemplación de las "obras de arte" que decoran las casas de la clase dirigente); pero tiene como efecto derivado el agudizar la contradicción entre ese interior que connota "antigüedad": la propia antigüedad del linaje familiar plasmada en la galería de retratos de los antepasados que decoran las paredes y el exterior urbano -que connota la "novedad" y el desarraigo- típicos de la ciudad en contraposición a la solidaridad orgánica de las aldeas; en suma, la contradicción entre la fachada (exterioridad) y el interior. Esto porque las fachadas de las casas o edificios, al contrario de lo que pudiera parecer, no están hechas para ser "contempladas" (la contemplación es sólo posible en el interior de la casa, que es lugar de la "vida contemplativa"). La calle es una colección de fachadas-significantes, y la casa una colección de interiores-significados. La fachada, como todo significante, debe volverse invisible para transparentar el significado: no está hecha para ser vista, sino para ser leída y obedecida, es un signo o una consigna.

De la misma forma que en la antropología platónica el cuerpo es la exterioridad del alma a la que envuelve, la fachada es la exterioridad que envuelve la "casa", y las puertas y las ventanas son los apertura al exterior, son "forados" de doble trayectoria: ingerencia e intrusismo que amenazan con la penetración del exterior (de la vida agoranómica, comercial y política); la disolución que amenaza con el allanamiento del interior y la profanación de la intimidad (por ello los vidrios de una catedral gótica no dejan penetrar el rumor multitudinario de la calle por sus ventanas, sino sólo la luz que procede "de lo alto" [9].

Ahora bien, es en torno a nuestro comportamiento ritual y nostálgico respecto de los objetos en los que nos reconocemos, ante los fetiches que abarrotan nuestra casa, y en los que -de algún modo está depositada nuestra memoria, que podemos reconstruir el sentido de nuestra- hasta entonces aparentemente dispersa historia y fijar nuestra identidad. Esta historia se ha desplegado en un conjunto de prácticas y estrategias representacionales, las que dan lugar a una forma de vida, aquella que tiene como principio detentador de sentido un determinado mito o una historia ancestral a partir de la cual el conjunto de sucesos -aparentemente dispersos y azarosos- que constituyen nuestra biografía quedan explicados. Esta clave hermenéutica desde la cual, los atajos, cabos sueltos, recorridos en zig-zag y demás accidentes de nuestro ocurrir vital quedan anudados, puede ser un pequeño chiste, una vieja manía familiar o un azaroso juego numérico, una narración cifrada que sólo cobra sentido a partir de los hechos que ilumina. Es a esto lo que llamamos mito fundacional. Sólo a partir de ellos nos volvemos comprensibles.

Poesía, naturaleza e historicidad.

Los poetas son fundadores del ser; son, por lo mismo, los depositarios de los mitos fundacionales de un linaje, de una familia y más tarde de un pueblo, son los únicos capaces de revelarnos el origen y la esencia en cuya pérdida andamos arrojados en una existencia que nos vela su manifestación. La poesía es el nombre fundacional del ser y de la esencia de todas las cosas, un decir por el cual sale a lo abierto por primera vez todo aquello con lo cual luego tratamos en el lenguaje cotidiano. Por eso la poesía nunca toma el lenguaje como una materia prima preexistente, sino que es la poesía misma la que posibilita el lenguaje [10]. La poesía es fundación del ser por la palabra. La poesía es el lenguaje prístino de un pueblo histórico.

Un pueblo al que el poeta, como sobreviviente de un paraíso perdido, quisiera regresar, como testigo visionario -hoy forzosamente marginal- de esa edad dorada de lo humano. El mundo del verdadero arraigo, donde "la jornada de trabajo en el molino y el lugar de residencia del campesino reciben el saludo (...) Donde el molino prepara el grano que sirve para la preparación del pan" [11]. En atención al pan piensa el poeta en ese lugar de trabajo; el lugar del trato cotidiano con las cosas, donde acontece el cuidado de lo humano.

Es así como el dominio de la poesía es el de las palabras fundacionales de lo humano, palabras que preservan una forma de vida. La poesía es, pues, una ocupación. Su labor, como guardiana del mito, es instalar constantemente al hombre en su origen, en su pertenencia a la tierra, entendida ésta como la provincia, en oposición a la vida de la urbe, donde con el advenimiento de la técnica ha acontecido el oscurecimiento del ser (Ge-stell).

Ese ver la tierra como el lugar del origen, primer y último reducto de la lucidez, implica una reverencia religiosa ante el mundo, un temblor, una sensación de -para decirlo con Rudolf Otto, que ejerció cierta influencia sobre Heidegger- estar bajo la dependencia absoluta de lo sagrado.

Aquí, pues, la tierra es entendida como aprendizaje. Aprendizaje que tiene lugar en el trato con las cosas mismas en su cotidianidad y el mundo es comprendido como la resolución de la "intimidad". La intimidad se resuelve en el lenguaje, en el lenguaje sentido a la vez como amenaza y como inocencia. La amenaza a través de la posibilidad del ocultamiento (pseudos); la inocencia, a su vez, como la descuidada apertura al natural transcurrir de los días corrientes, en el uso del mundo del lenguaje, y de las palabras como instrumentos. Ese particular arraigo y sentido de pertenencia hace del hombre un ser histórico. "El hombre -como dirá Ortega [12]- no tiene naturaleza sino que tiene historia". El hombre es lo que conserva en sí, lo que acumula. "El hombre tiene la edad de su primer recuerdo" [13]. El hombre es quien hace que dentro de él, eso que fue, siga siendo en la forma de haberlo sido [14].

El habla es, pues, un acontecer que funda, que coloca un mundo, que "pone" el ser del hombre. Este ser, es un ser dialogante, un ser que porta la existencia como diálogo porque éste es la unidad del ser histórico, que reúne lo que permanece con lo que se ha ido [15]. Existir en el tiempo es sentir nostalgia; una gran nostalgia, no sólo del pasado sino también del futuro. Es así como el poeta no es el que escribe poesía, sino el que habita poéticamente el mundo. El morar fundante del poeta consagra un modo de vida ya ido, pero que el reproduce y recrea constantemente, todo esto en la esperanza de que algún día seremos leyenda [16].

Notas

1. Jorge Teillier el fundador y máximo exponente de la tendencia conocida como poesía lárica, término que denomina un tipo de escritura que pone énfasis al recuerdo del "paraíso perdido" de la edad primigenia, en la tierra ancestral, indagando los orígenes primordiales del ser humano. Su lírica hace alusión constante al terruño, a la infancia, al hogar y al paisaje rural como centro de su poética.
2. Teillier, Jorge, "Georg trakl, el profeta de occidente", En El Mercurio, Santiago (11.02.1962), p.12.
3. Heidegger, Martin, "Interpretaciones de la poesía de Hölderlin", Traducción de José María Valverde, Barcelona: Ariel, 1983.
4. Heidegger, M., "De camino al habla", Barcelona: Ediciones del Serbal, 1990.
5. Heidegger, Martin, citado por L. McDowell en "Género, identidad y lugar", Madrid: Ediciones Cátedra 2000, pp. 111 y 112
6. Heidegger, Martin, "Interpretaciones de la poesía de Hölderlin", Traducción de José María Valverde, Barcelona: Ariel, 1983.
7. Heidegger, Martin, "Conferencia "Construir, habitar, pensar", pronunciada en 1951 y publicada tres años más tarde.
8. Ídem.
9. Pardo, José Luis, "Formas de la exterioridad", Valencia: Editorial Pre-Textos, 1992, p.209.
10. Heidegger, Martín, "Interpretaciones sobre la poesía de Hölderlin", Barcelona: Ariel, 1983, p. 63.
11. Hölderlin, "Recuerdo", poema (IV, 61 ss.), aparecido por primera vez en el Almanaque de las Musas de Seckendorft, el año 1808.
12. Ortega y Gasset, "Historia como sistema", VI, Madrid: Revista de Occidente, p. 40, 1958.
13. Barquero, Efraín, En artículo "Los Poetas de los Lares" escrito por J.Teillier y compilado por Ed. Sudamericana como "Jorge Teillier, Prosa", Santiago, 2001.
14. Aquí, ante el peligro de concebir al hombre como un ser constituido fundamentalmente de pasado -"el hombre es lo que ha sido"-, cabe aclarar que en el marco de la concepción existencialista, tanto de Ortega como de Sartre, el hombre aparece también como proyecto y porvenir. En este sentido son clarificadoras las afirmaciones de Sartre en *El ser y la nada*, "Soy el ser por el que el pasado viene al mundo, pues para que 'tengamos' un pasado es preciso que lo mantengamos en la existencia gracias a nuestro proyecto hacia el futuro" (*L'etre et le néat*, p. 580), de modo que es el futuro el que decide si el pasado está vivo o muerto.

15. Aquí queda abierta otra reflexión, la de los "no lugares" y su relación con la absoluta simultaneidad -lo que en otro apartado llamo "La era de la llegada generalizada"-. Al respecto, cabe decir, de manera sucinta (dado que el paso de lo real a lo virtual nos sitúa en otro imaginario), que "en la realidad virtual, la transparencia absoluta converge con la absoluta simultaneidad. Esta instantaneidad de todas las cosas en la información global es lo que Baudrillard llama 'tiempo real'. El tiempo real puede verse como en "El crimen perfecto (Baudrillard, J. Barcelona 2000) cometido contra el mismo tiempo: porque con la ubicuidad y la disponibilidad instantánea de la totalidad de la información, el tiempo alcanza su punto de perfección, que es también su punto de desaparición." Y esto, por supuesto, porque un tiempo perfecto no tiene memoria ni futuro. Baudrillard, Jean, La Ilusión Vital, Pág. 57, Ed. Siglo veintiuno, Madrid, 2002.
16. Tellier, Jorge, Entrevista en Noreste (Periódico de poesía, Santiago, 1989): "Tener nostalgia es tener patria en el tiempo".

Bibliografía

Baudrillard, Jean, "La Ilusión Vital", Madrid: Siglo veintiuno, 2002.

Heidegger, Martin, "Interpretaciones de la poesía de Hölderlin", Traducción de José María Valverde, Barcelona: Ariel, 1983.

_____, "De camino al habla", Barcelona: Ediciones del Serbal, 1990.

_____, "Conferencia "Construir, Habitar, Pensar", 1951 Conferencias y artículos, Barcelona: Odós, 1994.

Hölderlin, Recuerdo, Poema (IV, 61 ss.), Almanaque de las Musas de Seckendorft, 1808.

Ortega y Gasset, "Historia como sistema", VI, Madrid: Revista de Occidente, Alianza, 1984

Pardo, José Luis, "Formas de la Exterioridad", Valencia: Editorial Pre-Textos, 1992.

Teillier, Jorge, "Georg trakl, el profeta de occidente", En El Mercurio, Santiago (11.02.1962).

_____, Entrevista en Noreste (Periódico de poesía, Santiago, 1989): "Tener nostalgia es tener patria en el tiempo".

Sobre el desarrollo de las vanguardias y la transformación de las ideas artísticas en el siglo XX

Vanguardia y utopía social: pensamiento gráfico, gráfica e ideología en Europa (1918-1934)

FERNANDO N. WINFIELD REYES

Los inicios del sig o XX constituyen una época de fermento creativo en Europa: es el tiempo del surgimiento de diversos movimientos de vanguardia que en su expresión constituyen el esfuerzo heroico por transformar la sociedad desde las nuevas relaciones que participan los procesos de la producción y la cultura.

El desarrollo tecnológico, las innovaciones técnicas y los nuevos lenguajes artísticos abren extraordinarias posibilidades para la expresión poética, gráfica, pictórica, escultórica. cinematográfica y arquitectónica. Las ideas políticas encuentran en las manifestaciones y expresiones artísticas un poderoso vehículo. Arte y política se retroalimentan y establecen acaso uno de los diálogos más interesantes y fructíferos en la historia del arte moderno y la sociedad industrial.

El marco histórico y social en el que acontecen los principales movimientos de vanguardia en Europa entre los años 1918 y 1934 sucede en una de las etapas de la formación del movimiento moderno caracterizada por su espíritu revolucionario, su fe en la producción tecnológica, su fuerte contenido ideológico y la búsqueda de una respuesta a las crisis sociales. Se explora el potencial del campo de la comunicación como un mundo que abre nuevas y sorprendentes perspectivas. Pensamiento gráfico, gráfica e ideología nutren la producción de las vanguardias estilísticas.

En este contexto, especial interés reviste el análisis de las técnicas mediante las cuales se expresan y producen los significados de la vanguardia y todo lo que a ésta se asocia en los inicios del siglo XX en el desarrollo de posters de gran formato producidos masivamente. fotomontajes y diseños cuya abstracción obedece a la necesidad de su reproducción inmediata y rápida, empleando tipografías y selecciones de color fuertes y mensajes cuya totalidad gráfica hacen recordar el precepto del cineasta ruso Sergei Einseinstein sobre la nueva misión de un arte sin concesiones que a través de sus imágenes debía pegar puñetazos a la cara del espectador para forzar al reconocimiento de una nueva condición histórica y de la necesidad de una conciencia política basada en una nueva actitud hacia la nueva civilización industrial y sus implicaciones para la revolución social.

Se trata en lo genérico de un nuevo paradigma artístico, basado en el compromiso de transformar la sociedad desde los medios del debate, las formas de la controversia, los significados de la provocación o la trasgresión a la estética de los órdenes compositivos asociados al clasicismo academicista, para oponer su determinación de modernidad. Nuevos lenguajes estilísticos donde la belleza es integrada o definitivamente sustituida por el atributo de la verdad.

El socialismo en el arte. El arte y la política. Después de la Primera Guerra Mundial y prácticamente a lo largo del periodo de entreguerras, hay una crisis profunda y generalizada en la sociedad europea. Es una crisis social que se acentúa en la medida en la que crece el desempleo y la pobreza se extiende en la creciente y progresiva condición urbana de regiones y países. La vanguardia puntualiza los rezagos y los grandes problemas sociales y señala caminos de desarrollo a partir de su lenguaje directo.

El arte gráfico de la vanguardia moderna y el diseño son atrevidos. Intentan lo que hasta antes era considerado imposible. Apuestan a la innovación tecnológica, técnica y expresiva. Crean nuevos significados y valores de uso inéditos.

Para renovar al arte, el arte nuevo plantea la destitución del arte antiguo. La vanguardia establece la ruptura y la imposibilidad de concesiones. No hay vuelta atrás. El fermento revolucionario vanguardista abre fuego contra aquello que considera opuesto a sus objetivos. En un sentido general, la vanguardia reacciona contra los excesos y los absurdos de la tradición de la educación clásica y posteriormente, de lo sucedido en la Primera Guerra Mundial, sus absurdos, sus excesos, sus fuerzas destructivas [1].

Puede parecer que de manera reduccionista lo que la vanguardia propone y difunde es la destrucción del paradigma del arte clásico o académico para poder construir un nuevo arte y una nueva sociedad con un fuerte contenido utópico, pero sus alcances buscan ir más allá, ser un ámbito de discurso social para plantear ideas nuevas e ir a fondo y sin miedo, en la confianza de la era tecnológica cuyos portentos constituían motivo de orgullo y sobrada sorpresa en su incorporación a la vida cotidiana. De manera analógica a lo que la técnica hacía para la organización social, el arte plantea nuevas relaciones simbólicas que buscan transformar el estado de cosas y promover el cambio social. Es en este sentido que conecta con la noción de utopía.

Las ideas van más allá de la teoría y son expresadas en una variedad de soportes y medios: manifiestos, revistas, publicaciones, conferencias y charlas, exposiciones y talleres de confrontación, sirven para difundir la revolución intelectual y artística en Europa y, posteriormente, en América.

En Italia surgen los futuristas a partir de 1909 con el manifiesto de Marinetti y otros, cuyas ideas alcanzan eco en diferentes puntos del planeta [2]. En Francia y Alemania se constituye el dadaísmo a partir de 1916. 1918-1919 se establece como fecha fundacional de la escuela de diseño de la Bauhaus y del movimiento moderno (Benevolo, 1994, 8). En paralelo en Rusia se integra el colectivo de los constructivistas. El cubismo avanza como una de las propuestas para establecer un modo distinto de aproximar los objetos, las relaciones de tiempo y espacio, la fragmentación y las rupturas. Unas a otras, las distintas vanguardias establecen líneas de interés, vasos comunicantes, intercambios y enriquecedores contrastes. Hay un intento de integración y colaboración entre las distintas disciplinas artísticas y movimientos intelectuales, en un intento por dar un compromiso ideológico y social a todos los pronunciamientos hacia una nueva condición del arte y la sociedad. La arquitectura se aproxima a la gráfica [3]. La gráfica a la política. El diseño a las artes aplicadas y a las artesanías. La escultura a la producción industrial y los mecanismos. La fotografía a la pintura. La cinematografía al movimiento y a su capacidad de un realismo nuevo. Es in duda una época de grandes esperanzas y de renovación para la sociedad, el arte, la política. La vanguardia condensa y modifica constantemente todo esto.

En los orígenes de la vanguardia, futurismo y dadaísmo son reacciones a la búsqueda de sentido de la discontinuidad prevaleciente en esos años, síntomas de una realidad fragmentada y de una sociedad convulsionada en los numerosos cambios (Subirats, 2003). Hacia el final de la Primera Guerra Mundial, el surgimiento de varios movimientos de vanguardia en Europa, cuya propuesta se volcó en el análisis de las condiciones de la posguerra, habría de plantear nuevos términos para la nueva condición política del arte, un arte pertinente y relevante para la sociedad de esa época. El arribo de variadas vanguardias como el cubismo, De Stijl, la Bauhaus y los constructivistas, plantearía un territorio de grandes posibilidades y realizaciones, base de nuestras actuales concepciones de diseño, gráfica, pensamiento gráfico y expresión arquitectónica. Acaso en retrospectiva, una de las lecciones de las vanguardias artísticas es su determinación de cambio y propuesta. Para las nuevas generaciones de artistas gráficos, diseñadores y arquitectos, implica una fuente de inspiración y un espíritu destinado a la imaginación y apertura de nuevas fronteras creativas.

La ciudad del futuro de Antonio de Sant'Elia (1914). En sus distintas expresiones artísticas y técnicas, las propuestas vanguardistas de los futuristas italianos fueron difundidas a través de espectaculares imágenes y vigorosos pronunciamientos en simpatía con los símbolos de la civilización industrial.

Notas

1. Hay un cuadro particularmente perturbador de Max Ernst (1921) titulado "Celebes" que se encuentra en el Museo Tate Modern de Londres y que refleja varias de las ansiedades y miedos de la guerra y el desarrollo tecnológico y los resultados de la aplicación de su fuerza destructiva.
2. La importancia de estas ideas y su difusión tendrá efectos importantes en el periodo post-revolucionario en México con la fundación del Estridentismo.
3. Pueden trazarse conexiones interesantes en los orígenes del paradigma ideológico y expresivo de la función y la estética de la arquitectura moderna para la sociedad industrial, cuyas ideas habrán de ser sintetizadas y difundidas en el llamado "Nuevo Espíritu" propuesto por el arquitecto-ingeniero y artista Le Corbusier (1923): Vers une Architecture, así como la posterior adopción e integración de la doctrina del funcionalismo en el movimiento moderno.

Bibliografía

Becker, Lutz y Richard Hollis, "Avant-Garde Graphics 1918-1934", Londres: The Hayward Gallery Publishing, 2004.

Benevolo, Leonardo, "Historia de la arquitectura moderna", Barcelona: Gustavo Gili, 1994.

Boesiger, W. y H. Girsberger, "Le Corbusier 1910-65", Boloña: Zanichelli Editore, 1987.

Frampton, Kenneth, "Modern Architecture. A critical history, Serie World of Art", Londres: Thames & Hudson, 1992.

Fraser, Valerie, "Building the New World. Studies in the Modern Architecture of Latin America 1930-1960", Londres y Nueva York: Verso, 2000.

Smith, Elizabeth A.T. (1998): "Reexaminando la arquitectura y su historia a finales del siglo" pp. 22-99.

Subirats, Eduardo, "El reino de la belleza". Cuadernos de la Cátedra Alfonso Reyes del Tecnológico de Monterrey, México y Madrid: Instituto Tecnológico y de Estudios Superiores de Monterrey y Fondo de Cultura Económica de España, 2003.

Sobre los autores

Patricia Barroso Arias

Arquitecta titulada por la Facultad de Arquitectura de la Universidad Nacional Autónoma de México, Maestra en Arquitectura (Mención Honorífica) y doctorando en la misma institución. Impartió cátedra a nivel Licenciatura en la Universidad Tecnológica de México, en la Universidad Latinoamericana y participó como profesor invitado en ISTHMUS Escuela de Arquitectura y Diseño de América Latina y el Caribe en la Ciudad del Saber en Panamá. A nivel posgrado, impartió diversos seminarios en las Maestrías de Arquitectura y Diseño de Interiores en la Universidad Motolinía del Pedregal. Fue Coordinadora General de la revista Arquitectura y Humanidades. CIEP F/A UNAM, tuvo a su cargo la Secretaría Académica de la Escuela de Arquitectura de la Universidad Latinoamericana, fue Coordinadora de nodo México-Argentina de la Red Hipótesis de Paisaje y fue Investigadora en el Área de Investigaciones y Posgrado (APIM) Universidad Motolinía del Pedregal. En el ámbito Internacional ha participado como ponente en diversos foros académicos y desde el 2001 a la fecha, ha publicado diversos ensayos en revistas académicas, especializadas, científicas y de divulgación cultural en países como México, Argentina, Chile, Costa Rica, Perú, Guatemala y España; colaborando también en arbitrajes para la Revista Mexicana del Caribe editada por el Instituto Mora y para Ciencia Ergo Sum editada por la Universidad Autónoma del Estado de México. Ha participado en la elaboración de los libros "La arquitectura en la poesía" y "El espacio en la narración: Arquitectura en la cuentística hispanoamericana contemporánea, una selección", editados por la F/A UNAM, contribuyó con algunos capítulos para el "Cuaderno latinoamericano de arquitectura No. 2", para los libros "Hipótesis de paisaje" de i+p editorial en Argentina y para el libro "De otros asuntos e historias de la arquitectura: interpretaciones poco conocidas o no divulgadas" de la FA/CIEP de la UNAM. Es autora de los libros "Ideas de arquitectura desde la literatura I", "Teoría e investigación proyectual en la producción arquitectónica" y "La expresión arquitectónica, su forma, su modo y su orden", editados por Architecthum Plus, México-USA. Actualmente participa como Tutora para estancias de investigación y como Co tutora en el Programa de Maestría en Arquitectura de la Universidad Veracruzana, es Profesor de Asignatura Nivel "B" Definitivo en la F/A de la UNAM, donde

151

imparte las asignaturas de Teoría de la arquitectura y de Proyecto, es Coordinadora de Contenido Editorial para la Colección "Arquitectura y Humanidades" en la Editorial Architecthum Plus y participa en el Atlas de Autores de textos teóricos de i+p editorial en Argentina, asimismo realiza varias investigaciones como autora independiente. En el campo profesional ha trabajado en empresas particulares realizando diversos proyectos de vivienda, accesibilidad urbana, diseño de mobiliario y remodelaciones de casa habitación.

María Elena Hernández Álvarez

Nació en la Ciudad de México. Doctora en Arquitectura, (Mención Honorífica) UNAM; Maestría en Humanidades, Licenciatura en Arquitectura y Master (MDI) U. Anáhuac. Inicia labor docente en 1972; ha impartido diversas cátedras en la ESIA del Instituto Politécnico Nacional, la Universidad Anáhuac, la Universidad Iberoamericana, la UNAM y el Instituto Superior de Ciencia y Tecnología, A.C. Fue Directora de la Escuela de Arquitectura del ISCYTAC (Gómez Palacio, Durango. México). Autora del *libro Arquitectura en la Poesía* (UNAM); coautora con la Dra. Margarita León Vega del libro *El espacio en la Narración* (UNAM); autora del libro *Supuestos morfogenéticos de la Arquitectura. El caso de la Catedral Gótica*. Ha publicado artículos en Universidades y en revistas especializadas. Ponente y organizadora en diversos foros nacionales e internacionales. Ha dirigido numerosas tesis de licenciatura, maestría y doctorado. Fundadora y Directora de la publicación en Internet www.architecthum.edu.mx. Fundadora y Directora de Architecthum-Plus, S.C., editores. En ejercicio libre de la profesión ha desarrollado y edificado diversos proyectos arquitectónicos. Titular del Seminario de Área y Taller de Investigación "Arquitectura y Humanidades" en el Programa de Maestría y Doctorado en Arquitectura de la Universidad Nacional Autónoma de México. Medalla "Alfonso Caso", UNAM por tesis doctoral. Miembro del Jurado del Premio Universidad Nacional y Distinción Nacional para Jóvenes Académicos. Reconocimiento de la Dirección General de Estudios de Posgrado UNAM a tesis doctoral en la Colección 2002. Miembro de Número de la Academia Nacional de Arquitectura. Consejera Técnica (2006-2012) representante de los profesores de Posgrado, Facultad de Arquitectura, UNAM.

José Luis Lizárraga Valdez

Nace en la Ciudad de Mazatlán, Sinaloa. Arquitecto egresado de la Universidad Autónoma de Sinaloa en 1997, becado por Intercambio Académico entre la U.A.S. y la U.N.A.M. Maestría en Arquitectura, U.N.A.M., miembro organizador del 5to coloquio internacional, Ciudades del turismo, el imaginario y la construcción del territorio turístico en Sinaloa.

Jorge Anibal Manrique Prieto

Maestro en arquitectura (mención honorífica), UNAM. Arquitecto de la Universidad Nacional de Colombia, sede Bogotá; con profundización en vivienda. Ha trabajado en investigaciones de entidades públicas en Bogotá, como diseñador de proyectos en entidades privadas, y como profesor adjunto de posgrado en la Facultad de Arquitectura de la UNAM. Fue ganador de un primer puesto en la "X Anual de Estudiantes de Arquitectura" de la sociedad colombiana de arquitectos, con su proyecto de grado de licenciatura titulado: "Vivienda de alta densidad: Calidad en el Habitar". Proyecto que ha sido publicado en las revistas Escala Colombia y Replanteo. Ha participado en diferentes congresos y encuentros académicos como asistente y como ponente: en Noviembre de 2012 participó en el "XXIV Congreso Panamericano de Arquitectos" en Maceió, Brasil. Y en el año 2013 colaboró como parte del comité organizador y como ponente del "1er. Encuentro Académico Internacional: Reflexiones en torno al proyecto arquitectónico" organizado entre las maestrías en arquitectura de la UNAM y la UNAL, evento que se realizó en Bogotá, Colombia. Actualmente trabaja en una ONG desarrollando proyectos de infraestructura educativa para lugares marginados en México.

Yhessy Aurora Paredes Chávez

Licenciada en Arquitectura, egresada de la Universidad Veracruzana Campus, Xalapa, Veracruz. Ha realizado estudios de posgrado en la Universidad Politécnica de Madrid, España, Trabajado en proyectos de vivienda e ingeniería civil. Actualmente ejecutando su tesis de la maestría en la Universidad Nacional Autónoma de México, en el campo de Diseño Arquitectónico, y se encuentra desarrollando la investigación del siguiente tema: Implementación del diseño arquitectónico participativo en la ciudad compacta del S.XXI. Caso de estudio vivienda multifamiliar vertical de interés social en la zona metropolitana de la ciudad de México.

María Teresa Porcile Santiso

(1943-2001) Nacida en Uruguay, en 1979 Participa de la III Conferencia Episcopal Latinoamericana en Puebla, México, como única Perito por la Comisión Episcopal de las Antillas, en relación con el Departamento de Ecumenismo, integró la Comisión de Ecumenismo, ocupándose al mismo tiempo del servicio de información de las Sociedades Bíblicas Unidas en relación a la Federación Católica Mundial del Apostolado Bíblico. De 1980-1982 Prepara su tesis de Licenciatura en la Universidad de Friburgo: El aporte del diálogo interreligioso a la problemática de la Paz. En 1985 Junto a 28 teólogas más se reúnen en Buenos Aires con ocasión del Primer Encuentro Continental de Teólogas de América Latina. Fue un encuentro ecuménico donde se abordaron temas teológicos "desde la perspectiva de la mujer" y en el contexto latinoamericano. En 1991 Presenta su tesis doctoral en la Universidad de Friburgo bajo la dirección del cardenal Schönborn: La mujer, espacio de salvación. Misión de la mujer en la Iglesia, una perspectiva antropológica. Ofrece cursos y conferencias sobre los temas de su investigación: teología bíblica, ecumenismo y la "cuestión de la mujer" en los cinco continentes. En 1992 Nuevamente participa como perito en la IV Conferencia Episcopal Latinoamericana en Santo Domingo y en 1995 Participa en Pekín de la Conferencia Internacional sobre la Mujer. Sus obras más relevantes son: Jubileo, la Nueva Utopía. El "hoy" de Jesús, Paulinas / Eagdo / Porcile Santiso, Montevideo 1999. Despertar de Dios. Despertar de la mujer. Una lectio, Gráficos del Sur, Monterrey 1999. Con ojos de Mujer. Lo femenino en la teología y en la espiritualidad contemporánea, Doble Clic, Montevideo 1997. Reeditado en: La Cruz, México 1998. Claretianas, Buenos Aires 2000. Y en italiano como: Con occhi de Donna, Dehoniane, Bologna 1999. La mujer, espacio de salvación. Misión de la mujer en la Iglesia, una perspectiva antropológica, Ediciones Trilce, Montevideo 1991. Editada también en: Librería Parroquial de Clavería, México 1993. Claretianas, Madrid 1995. En portugués: Cronología y selección bibliográfica preparada por Nancy V. Raimondo (Buenos Aires 2007). Mulher Espaco de Salvacao, Paulinas, Sao Paulo 1993. En italiano como: La Donna Spazio di Salvezza, Missione della donna nella Chiesa una prospettiva antropológica, Dehoniane, Bologna 1996. En francés como: A Femme Espace de Salut, Mission de la femme dans l'Église. Une perspective anthropologique, CERF, Paris 1999. Puebla: La Hora de María, la Hora de la Mujer, San Pablo, Buenos Aires 1980. El Niño en nuestro tiempo, Verbo divino, Navarra 1979. Además de haber publicado una gran diversidad de artículos en obras colectivas y revistas, como: "Ser teóloga desde América Latina: urgencia y desafío de ver la salvación desde la mujer", en: Symposium Sedos En América, Las Américas se abren al nueva milenio, SEDOS, Rome 1998, 95-111. "Verso una teología del corpo della donna", en: AA.VV, La Donna: Memoria e Attualità, Vol. I. Una lettura secondo l'antropologia, la teología e la bioética, Librería Editrice Vaticana 1999, 63-114. "Marco para un retrato de Jesús: el diálogo judeo-cristiano": Proyecto 36 (2000) 11-4. "Quali Volti di Dio, Oggi?", en: Centro Documentazione E Studi Presenza Donna (ed), Differenze in Dialogo, Quaderno 6, Vicenza 1999, 5-25. "Se cumplieron los días en ella", en: Elio Peretto (ed), Marie nel Mistero di Cristo pienezza del tempo e compimento del regno:Atti dell'XI Simposio Internazionale Mariologico, Marianum, Roma 1999, s/p. "Il Corpo della donna come campo di un rischio espressivo in ordine ad una salvezza", en: Third Order Regular Of St. Francis, Il carisma materno di Francesco D'Assisi:III Margherita da Cortona: celebrazioni centenarie, Porziuncola, Assisi 1998, 77-85. "Cristología en femenino": Ephemerides Mariologicae 47 (1997) 183-198. "Valor del cuerpo y la limitación física", en: Conferencia en la Intendencia Municipal de Montevideo 25/04/1997. Inédito. "El despertar de María y la Tertio Millennio Adveniente", en: Facultad De Teología San Vicente Ferrer (ed.), El Espíritu, memoria y testimonio de Cristo: a propósito de la TMA. Actas del IX Simposio de Teología Histórica, Valencia, España 03/1997, s/p. "Guardare il Mondo e la storia con gli occhi di María", en: Centro Documentazione E Studi Presenza Donna (ed), Atti del Convegno Annuale Gruppi AMOR, Quaderno 6, Vicenza 1997, s/p. "La Femme, Dand L'Eglise et Dans le Monde D'Aujourd'Hui", en: Lien des Maniates, Aobaye de la Rochette, Belmont-Tramonet 1997, s/p.3 "Teología do Coração e Influencia Social na América Latina": Mulheres, Vozes-Cehila, (1996) 221-252. Editado en castellano: Teología Espiritual XLI/122 (1997) 223-251. "Quéte d'une identité féminine", en: L. IRIGARAY (ed.), Le souffle desfemmes. Des credos au féminin, Action Catholique de France, París 1996, 77-100. "Uomodonna: prospettive antropologiche e teologiche", en: Cettina Militello (ed.), Che Differenza C'e? Fondamenti antropologici e teologici della identitá femminile e maschile, Societá Editrice Internazionale, Torino 1996, s/p. "Nuestra Señora de Guadalupe: La Virgen Mestiza": Ephemerides Mariologicae XLV (1995), s/p. "Mujeres de conciencia y ex-alumnas del Sagrado Corazón y su responsabilidad frente al Nuevo Milenio", 1994. Inédito. "Mujer, ¿esperanza de humanización?", (1994), 1-16. "Donne, Testimoni Dell'Evangelo": Comunitá Monástica di Bose, Magnano (1994), 61-62. "El Catecismo de la Iglesia Católica", en: Asociación Uruguaya de la Orden de Malta (ed.), El Catecismo de la Iglesia Católica, Montevideo 1994, 33-45. "Mi encuentro con Concepción Cabrera de Armida. Puntos de reflexión": Desgrabación 1994. Inédito. "Teología desde lo femenino. Sobre la misión de la mujer en la Iglesia": Teología Espiritual XXXVII (1993) 319-352. "Mujeres testigos de la Novedad de vida dada por el Evangelio": Religiosos de Vida Apostólica al servicio de la Vida; UISG 92 (1993) 18-37. "La mujer religiosa al servicio de la comunión eclesial": Confer Revista de la Vida Religiosa, 124 (1993) 625-650, entre otros.

Milena Quintanilla Carranza
(1986) Arquitecta por la Universidad Nacional Autónoma de México. Actualmente estudia la maestría en el campo de Diseño Arquitectónico e imparte clases de proyectos en el primer nivel de licenciatura de la misma institución. Asimismo, colabora en la Coordinación de Contenido Editorial del Comité Editorial para la Colección Arquitectura y Humanidades editada por Architecthum Plus. Ha laborado en diversas ramas de la arquitectura, como la planeación, la elaboración de proyectos ejecutivos y la administración de proyectos. Su interés en la docencia y la investigación giran en torno a la poética en la arquitectura, la creatividad y el proceso del diseño; por lo cual su integración se expresa en su trabajo de investigación titulado: "Resignificación

de la creatividad arquitectónica. Hacia el diseño y construcción de espacios poéticamente habitables".

Adolfo Vásquez Rocca

Doctor en Filosofía por la P. UCV., Pontificia Universidad Católica de Valparaíso, Postgrado Universidad Complutense de Madrid, Departamento de Filosofía IV, Estética y Pensamiento Contemporáneo En el periodo 1992 - 1995 es Profesor de Filosofía, Lógica y Psicología. De 1995 - 1998 es Profesor de Filosofía The Mackay School y director de investigación de Teoría del Conocimiento, Bachillerato Internacional. Theory of knowledge tok. International Baccalaureate. De 2003 - 2004 es Profesor de Sociología General I. P. Diego Portales. Viña del Mar y Becario de Vicerrectoría de Investigación y Estudios Avanzados para realización de Tesis Doctoral "El giro estético de la filosofía; nuevas retóricas de la postmodernidad", Pontificia Universidad Catolica de Valparaiso. Actualmente es Profesor Antropología Filosófica. Bachillerato en Humanidades, Universidad Andrés Bello. Campus Viña del Mar.

Fernando N. Winfield Reyes

Arquitecto por la Universidad Veracruzana (1991), Maestro er Diseño Urbano por la Oxford Brookes University (1993) y Doctor en Arquitectura por la Universidad Politécnica de Madrid (2001). Ha sido Coordinador de la Especialización en Vivienda (1996-1999) y del Doctorado en Arquitectura y Urbanismo (1999-2004), programa conjunto con la Universidad Politécnica de Madrid. Sus trabajos de investigación a nivel maestría y doctorado han recibido menciones en la Tercera y Sexta Bienales de Arquitectura Mexicana (1994 y 2000). Es Profesor de Urbanismo, Historia y Teoría en la Facultad de Arquitectura de la Universidad Veracruzana. Ha sido conferencista y profesor invitado en el Instituto Tecnológico de Costa Rica, Universidad de Alcalá de Henares, Universidad Politécnica de Madrid, Universidad de Guadalajara y Oxford Brookes University, en donde actualmente cursa un Post-Doctorado en Investigación.

Otros títulos de la Colección **Arquitectura y Humanidades**:

Volumen 1:
Perspectivas de la arquitectura desde las humanidades I

Volumen 2:
Poética arquitectónica I

Volumen 3:
Espacios Imaginarios I

Volumen 4:
Arquitectura y lo sagrado I

Volumen 5:
Historiografías e interpretaciones de los hechos arquitectónicos I

Volumen 6:
Arquitectura, lugar y ciudad I

Volumen 7:
Paisajes arquitectónicos I

Volumen 8:
Existiendo, habitando lo arquitectónico I

Volumen 9:
Un encuentro de la arquitectura con las artes I

Volumen 10:
Enfoques de la arquitectura desde la filosofía I

Volumen 11:
El espacio privado e íntimo I

Volumen 12:
Reflexiones en torno a un método del diseño arquitectónico I

www.ingramcontent.com/pod-product-compliance
Lightning Source LLC
Chambersburg PA
CBHW020903090426
42736CB00008B/474